过目不忘的
图像记忆法

一生受用的 *9* 堂记忆课

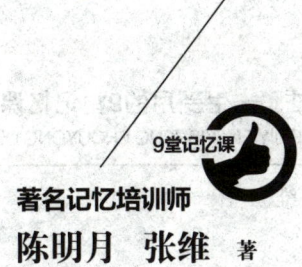

9堂记忆课

著名记忆培训师

陈明月　张维 著

民主与建设出版社

图书在版编目（CIP）数据

过目不忘的图像记忆法：一生受用的9堂记忆课 /
陈明月, 张维著. -- 北京：民主与建设出版社, 2014.4（2025.8 重印）
ISBN 978-7-5139-0329-5

Ⅰ.①过… Ⅱ.①陈… ②张… Ⅲ.①记忆术 Ⅳ.
①B842.3

中国版本图书馆 CIP 数据核字（2014）第 048080 号

过目不忘的图像记忆法：一生受用的9堂记忆课
GUOMUBUWANG DE TUXIANG JIYIFA: YISHENG SHOUYONG DE 9 TANG JIYIKE

著　者	陈明月　张　维
责任编辑	刘　芳
封面设计	思源工坊
出版发行	民主与建设出版社有限责任公司
电　话	（010）59417749　59419778
社　址	北京市朝阳区东湖街道宏泰东街远洋万和南区独栋伍号公馆4层
邮　编	100102
印　刷	三河市中晟雅豪印务有限公司
版　次	2014 年 4 月第 1 版
印　次	2025 年 8 月第 4 次印刷
开　本	710mm×1000mm　1/16
印　张	10.75
字　数	175 千字
书　号	ISBN　978-7-5139-0329-5
定　价	36.00 元

注：如有印、装质量问题，请与出版社联系。

准备比开始更重要

大家好，跟大家打个招呼，我是此次陪伴大家课程学习的主讲老师——陈明月，耳东——陈，我有一对大大的耳朵，很多人一看到我的耳朵都会"哇"的一声——如来佛的耳朵，呵呵；然后呢，我叫明月，我的脸比较圆，笑起来牙齿比较白，大家说像十五的月亮一样，还发着光！想像我的样子：圆圆的脸，大大的耳朵，十五的月亮，长着一对大大的耳朵，就是我！呵呵，当然，也没有圆成那么圆的样子！一般看相的人看到我，都会感叹——福相！呵呵，我也感觉自己是有福之人！

能够和大家在此相见——以书本交流的形式，这是一种缘分！深究其中的根源——记忆，大家需要了解记忆，提高自己的记忆，然后去将其应用在自己的生活、工作和学习中，这是需求；我呢，在记忆方面有点感悟，借由记忆之路的导引，自己的人生发生了很大的变化，这其中的星星点点，在这次"记忆之旅"中，我将毫无保留地分享给大家（这也就是供给）！

由此可见，牵引大家和我走到一起的纽带就是——记忆，先说说大家的需求吧！能够花时间和精力来翻阅本书的人大致有如下几类：成年人、学生，甚至还有中老年人！对于成年人，大多是已经参加工作的，在如此竞争激烈的社会中，生活、工作的效率，在很大程度上影响着我们的生活质量！因此，这部分群体会选择在业余时间，进修学习一下记忆方法，提升一下自己的记忆力！还有一部分成年人，可能是幸福的家庭主妇，在家庭琐事的烦扰之余，仍然牵挂着孩子的教育，为了能给孩子做好榜样，教育好下一代，也会投入到记忆的海洋中来！当然，给孩子做好榜样的事情，我们的男同胞，有的也会在工作之余，加入进来！再有就是学生，一般中小学生，对于记忆方法的学习，很多时候会如刚刚提到的——在父母的引导下，进行学习应用；而对于大学生来说，他们正处在一个转型期，一方面是学业——日常的考试，之后的考研以及学业之路上更高的发展；另一方面，也是在为走上社会做着前期的准备工作，接触记忆方法，了解记忆方法，然后提升自己的记忆力，从而来进一步提升自己的竞争力；同时呢，可能还会有一部分同学，在学习记忆方法的过程中，逐渐喜爱上了记忆，也有非常多的感触，非常大的收获和改变，最终也走上和我一样的记忆方法传播应用之路。我们的年轻人都在这么卖力的学习的同时，可也别忽略了一个群体——中老年人，他们这个时候的时间，一般来说，非常的宽裕，在保证自己身体锻炼时间的基础上，他们中的好些人也在努力的充实自己的中老年生活，其中有部分中老年人可能就会选择去锻炼自己的大脑，干嘛呢？防止老年痴呆嘛！呵呵，大脑是越用越活的！在有了记忆方法的帮助之下，咱们的中老年人可以大量地去记忆自己感兴趣的东西，然后，再去和自己的同伴们分享，那种分享的乐趣，肯定是不言而喻的啦！

在了解了咱们这本书可能面对的群体以及他们的需求之后，作为有心人的您，可能也会意识到其中隐藏的一个问题——面对的群体那么广，大家的目标那么多，如何才能做到平衡，做到各得所需呢？

这也就是我们的供给服务层面了！您提出的问题很好，虽然我们这本书面对的是一个比较广泛的群体，也就是一个综合性课堂，但对于记忆方法来说，很多都是相通的，在本书中，我们展现给大家的例子和练习，都是我们在实践课中，在网络教学中，经过好多年的筛选，最能体现记忆方法的精华！对于这样一个综合性课堂，我们有自己的一套综合性的教学体系！您就跟随本书开始您的记忆之旅吧。

著名记忆培训师 陈明月

2013年11月于武汉

明月指路

学习就像玩跷跷板一样，需要互动才会好玩，才会有更多的乐趣，而对于前来学习的大家伙，我希望能得到大家的认真配合，在整个学习的过程始末，严格按照我们课程所提出的要求来进行！

记忆是需要时间的，你要给予记忆足够的时间与耐性！记忆不可能一口吃成胖子，如果抱着奢求的幻想就会让记忆变得痛苦，接受记忆是需要时间的事实，会让自己更安心记忆，达到高效率的记忆！

学习祈愿

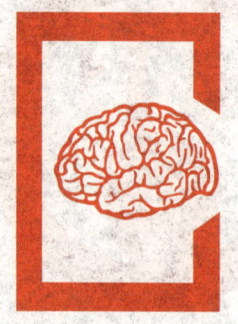

又是一次新的学习

祈愿崭新的开始

我有新的体悟与收获

愿我能充满信心快乐地学习

无论结果如何

我都要好好珍惜这个学习的过程

第一课
图像记忆原理

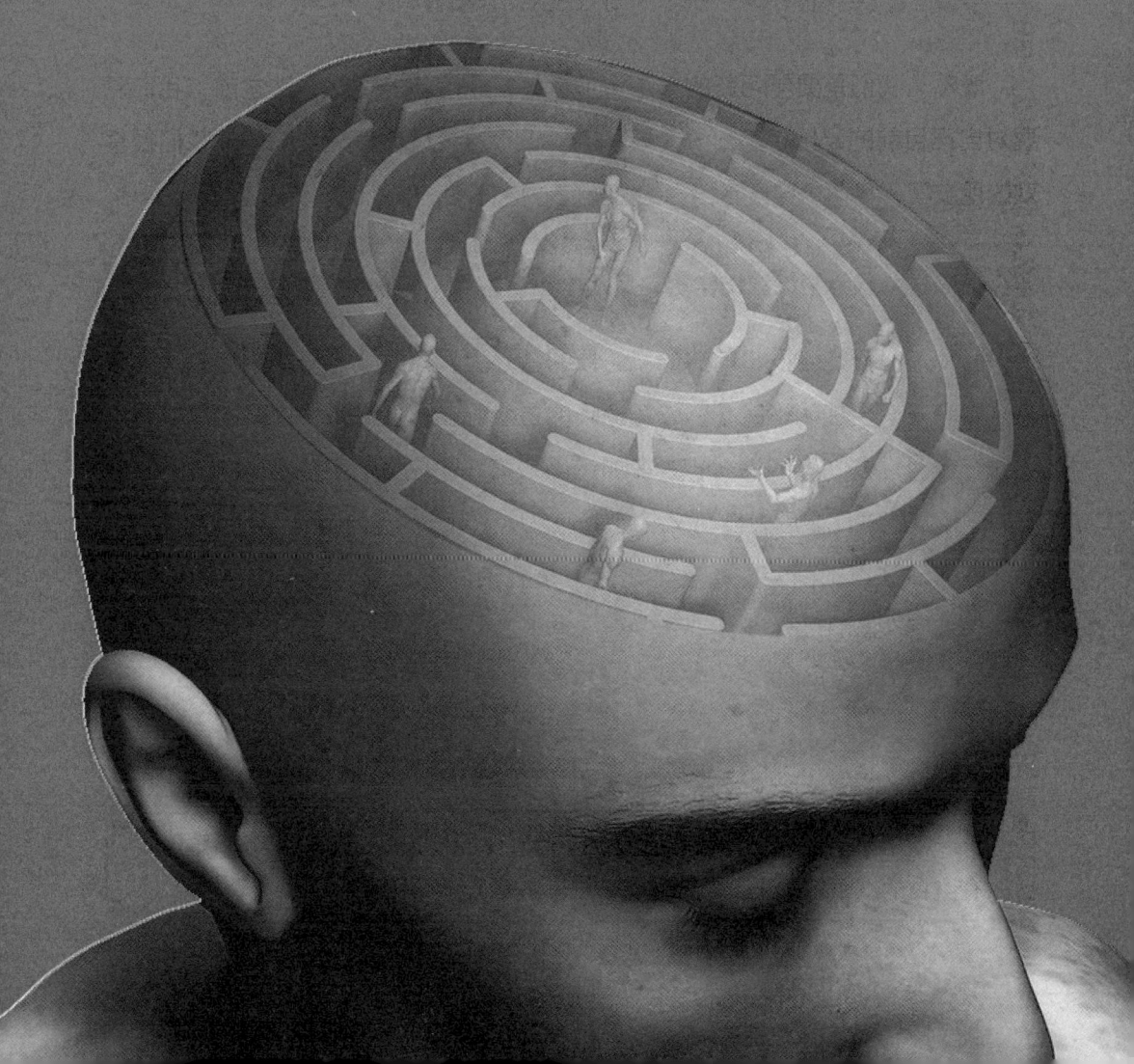

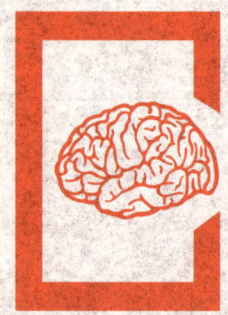

学习前的记忆测试

在我们开始学习之前，我们得先要给自己做一个小小的记忆测试，这个测试将会给我们带来至少两点认识：

第一，帮助我们了解自己目前所处于的一个记忆状态。

既然，我们是要学习新的方法，那么，在学习新的记忆方法之前，我们需要对自己目前的记忆状态作一个具体的认识。这就好像家里要来一位我们很喜欢的朋友了，我们肯定要将自己的家里先收拾一下，你说呢？

第二，可以清楚地对比学习之后和学习之前你有怎样的记忆改变。

当我们在清楚自己之前的记忆习惯的基础上，再去学习新的记忆方法，我们才会有一个更加明确的参照，知道新的方法好在什么地方，之前的记忆方法不好在什么地方，好的进一步去多加运用，不好的在生活中坚决避免。同时，在有了这样的对比之后，自己学习新的记忆方法的热情也会因此受到鼓舞。

在认清了以上两点的必要性之后，让我们静下心来，为迎接新朋友的到来，作一下准备吧！

■ 词语记忆测试

> **要求：**只准读一遍，然后闭上眼睛看你能按顺序回忆出几个，并且在空白的纸上写出来。

明月指路

这仅仅是一个自我测试，是对自己当下记忆状态的一个摸底，为了迎接下面即将到来的新朋友，同时也是抱着对自己负责的态度，我想：自身记忆习惯的真实展露，那是很有必要的，何况这个时候只有您一个人清楚，不是吗？

1. 10个词语

□兔子　　□牙膏　　□保龄球　□游泳池　□石油
□眼镜　　□打火机　□手机　　□电线　　□桔子

看完之后，请在后面的空白处默写出来，记得要以一颗真诚的心来迎接新朋友哦！

1. ＿＿＿＿＿　2. ＿＿＿＿＿　3. ＿＿＿＿＿
4. ＿＿＿＿＿　5. ＿＿＿＿＿　6. ＿＿＿＿＿
7. ＿＿＿＿＿　8. ＿＿＿＿＿　9. ＿＿＿＿＿
10. ＿＿＿＿＿

结果如何呢？记住了几个？是6个、7个还是8个呢？或者是只记住了两三个？不管你记住了几个都没有关系，即使你现在只记住了2个，也不会影响后面记忆方法的学习，因为我相信，**当你在用一颗真诚的心来迎接新朋友的时候，你会更加的用心！**

不管你记住几个，都不影响你后面的学习，而且，尤其是那些记得比较差的，甚至是差到没办法记住的人，可能学习得会更好！因为自己已经没

明月指路：

此处不用停留太长时间，和自己的记忆较劲！如果在3分钟内没有按照要求记住，那就跳过，今天的课后作业中，你将会知道如何去释放自己的记忆潜能！

有选择了。反倒是抢记能力很好的人，容易放弃方法选择抢记，如果他能放掉先有的记忆习惯，投入新的学习方法认真运用，那当然会学习得更快更好——1+1=2嘛！

　　下面一个测试是20个词语的记忆，还要试一下吗？感觉自己可以的，可以按照刚刚的要求进行一下尝试。

2. 20个词语：

□电冰箱　　□风扇　　　□手表　　　□玫瑰花　　□卫生纸

□电池　　　□电话　　　□花生油　　□哈密瓜　　□翡翠

□汽车　　　□天安门　　□手电筒　　□书本　　　□钢笔

□望远镜　　□电影院　　□老虎　　　□熊猫　　　□饮水机

　　这次你记住了几个呢？还是六七个或者比刚才更少了？

　　当要记的内容量，增加一倍，所要花费的时间也增加将近甚至超过一倍，但是，最后回忆的时候，回忆出来的总量，却没有比记忆10个的时候多，甚至是有所减少了！这是为什么呢？那就请认真投入到后面的学习当中吧！

　　这还只是第二个测试，下面是第三个测试，如果我要求你现在把这些内容背下来，你会有什么感觉？

3. 杂乱无章的信息：

买米、13928706943、银行按揭、玫瑰花、花园酒店、恐怖主义、酱油、电池、323389790、牙膏、老虎、rabbit、饮水机、ironic、健身、速度、

15点30分、道德经、约会、树熊、刚果、020－31508870、赵经理、 记忆力训练网、香港、股票、紫水晶、加班、生日、psychonaut、三国演义、那一场风花雪月的事、孔子、武当山、technology、妖魔鬼怪、辛辛那提、银行帐号、029348203948025023947、诗词、我们一起去旅游、犹抱琵琶半遮面、布鲁塞尔、 www.jiyili.net、白居易、心脏病、happy、美国攻打伊拉克、discussion、明天会更好、重视、理论、历历在目、珊瑚、387234、天涯、美丽、魅力、世界记忆大师

相信你连看一遍的兴趣都没有，更别说记了！是不是感觉两眼发黑啊？

明月指路：

让我们在十天的学习之后，再来尝试着看看，来检验自己此次旅程的收获吧！

传统记忆的两大困境

为什么我们在面对记忆的时候会如此困难，就算是连续几个简单的词语，都会让我们记得抓耳挠腮呢？

原因是我们刚才所使用的都是传统的记忆方式！

传统的记忆方式会给我们带来很多的记忆困难，最大的两个困难就是：

a.记得慢：短时记忆容量小——7个左右

如：我们记忆电话号码，七八位数的座机号码就比11位数的手机号码要好记得多；还有我们记忆英语单词的时候，7个字母左右组成的单词就比较好记忆，而超过10个字母以上的就要难记很多，一般都有分几段来记忆。这就是短时间记忆容量的限制所导致的。

b.忘得快：短时记忆转化为长期记忆需要重复的次数多——100~150次

我们每个人的记忆是将短时间记住的内容通过不断的重复，从而达到长期记忆的目的。而这种转化，一般至少是要达到100~150次才能达到牢记，并且这100~150次并不是说你一口气读100~150次你就不会忘记了。你想想，如果现在给你10个单词，你一口气读100次，是不是就可以保证不忘记了呢？我想多数人的回答都是——不可能！那么这100~150次，是怎样的情况呢？它是在我们当下记住（也就是"短期记忆"）了以后，在接下来的日子里不断重复回忆加深印象的次数。就像前面的词语测试，虽然你可能记住了5个或6个，但如果你今天、明天、后天、一周、一个月……没有按照你自身的记忆遗忘规律去及时的复习，或者没有达到100～150次的复习次数，你最后可能只能记住了2个，甚至1个都不记得！

我们现在生活在一个信息大爆炸的时代，会有那么多时间给我们复习吗？很多时候，我们今天的学习内容还没拿下，马上就有新的内容来了！这种频繁出现的情况，时常会让我们有一个头两个大的感觉。如何来摆脱这种感觉呢？我想这也是你愿意花时间来阅读这本书的原因。

怎么才能改变这两大困难，帮助我们提高记忆能力呢？从改变记忆方式入手！

我们即将相识的朋友——图像记忆法，首先就是要帮助我们摆脱这两大苦难。**第一，扩大短时记忆容量；第二，减少复习次数，达到牢记。**那么，这样一个方法，你是否愿意学习呢？如果你的回答是肯定的，那么就请打开你的心，坚定自己的信念，坚持把本书内的所有内容细细品味，认真完成每一个练习，不管这个例子对你当下来说有没有用，你都要完成，因为，这个例子对于提高你的记忆能力是非常有意义的！

明月指路：

信任与否，都会在过程中产生，最重要的是你来的目的为何？

带着信任，你会接纳更多；

带着疑惑，你也会探索更多；

带着怀疑和抗拒，你就会排斥更多。

大脑的记忆方式

每个人都拥有的两种记忆方式：

a. 声音记忆：主要通过左脑（语言脑）

b. 图像记忆：主要通过右脑（图像脑）

a. 传统记忆——声音记忆（死记硬背）

名：尚中书

电话：13702798254

单词：money

文章：窗含西岭千秋雪，门泊东吴万里船

当这样一个简单的介绍，让我们用声音记忆的时候，我们首先要做的第一步是什么呢？

我想很多人都会回答：读!

从表面来看我们只是在读，可是这个读的背后却又有着4个步骤在运作：

看——读——听——记

我们每一个人，在运用传统的声音记忆读记的时候，都是在走这4个步骤：首先，看到内容；然后，嘴巴读出声音（即使没读出声，默念也是有声音的）；接着，声音传达到耳朵；最后，再进入到我们的左脑声音中枢，进行声音的储存记忆。所以我们运用声音进行记忆之后，提取记忆，也是要靠声音的。

你现在闭上眼睛回忆一个你最熟悉的人的电话号码，看看你的大脑中会出现什么？

也许你会说，看到那个人了，那是因为你通过这个号码想到那个人而已。

也许你会说，看到一串数字。

我想请你再认真的回忆一下，你的大脑是不是一片黑暗，什么都没有，回忆的时候只是有一个声音默念出来的数字，130……823……，其他的什么都没有！这就是我们的声音记忆，在提取记忆的内容时，除了一个声音在默念着，大脑中是什么都没有的。

b. 图像记忆——人人都有的神奇记忆

看小说、电视、电影等；

日常的生活经历。

每个人，天生都拥有这种过目不忘的神奇记忆力。

我们什么时候在使用图像记忆呢？就是在我们看电视、电影，包括记忆生活经历，都是在使用着图像记忆！

我们都看过电影，那么你现在想想，当你看完一部长达1个半小时乃至2个小时的电影时，当走出电影院，你能回忆出大概的情景和主人公的样子吗？

我相信你的回答绝对是肯定的！如果不能，只能说明你根本不喜欢那部电影，或者你在看电影的时候睡着了！

那么，你在回忆电影情节和人物样子的时候，大脑中会出现什么呢？

是不是有情节的图像画面？而且是动态的？这就是你在运用图像记忆，而且提取记忆的时候，可以很直接地显现在你的大脑中。

记忆的过程只是：看——记！

请想想，你看电影的时候需要跟着读吗？这与咱们传统的记忆方式，单从记忆的步骤来说，图像记忆就比传统记忆要省下两步，也就更加的节省时间，更加高效了！

请注意，图像记忆的方法，不是让你去重新获得一种新的能力，图像记忆能力，是每个人天生就有的。我们只是将它整理出来，让大家认识它，把大家这种潜能更好地调动出来。通过一些练习，教大家如何把这种能力运用到要记忆的文字、数字、英语等信息上。所以学习图像记忆并不难，难就难在改变记忆的方式上。

"改变"这两个字往往会带来痛苦，却是必须的，只要我们夜以继日地留心警戒最大的敌人——自己，便能完成了不起的大事。

不过，改变是需要动力的，改变的动力就是在改变过程中所取得的成果，当有了成果，自己就会充满成就感，那么就能支持我们持续走改变之路！

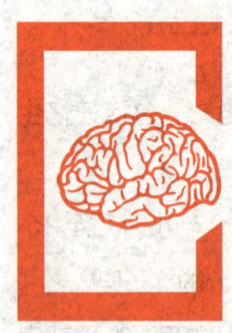

图像记忆带来的记忆效果

记忆方法	传统记忆	图像记忆
主要运用	左脑	右脑
记忆内容	声音	图像
记忆器官	耳朵	眼睛
短时记忆容量	7个左右	至少70个以上
转为长期记忆的次数	100～150次	10次左右
记忆效率	低（1）	高（100以上）
倒背如流	很困难	非常轻松

下面这张图表，就是我们从传统记忆改变成图像记忆后我们所能达到的记忆效果：

从记忆的器官来说，因为人在听记的时候运用的是耳朵，而我们记忆的内容要进入耳朵，就得是一个字一个字排队进去！大家想想，当一个人跟你说话太快的时候，别说记了，就算是听，你是不是都很难听清楚？！这就像一扇很小的门，而且一次只能容纳一个人进，而一堆人要往里面挤，那肯定是挤不进去的！不过，当我们在用眼睛看的时候，你看到的东西却是可以一个一个看，也可以是多个多个看，就像电影的画面一样，一张画面上都有好多的信息，而且，一张张的画面都是连续性的出现！

传统记忆的容量一次是7个左右，而图像记忆是70个左右，这个大家在看到一些记忆比赛中应该可以了解到，有的甚至达到上百个，拿我个人来说，我自己在央视挑战的就是一次记忆100数字。传统记忆的重复的次数是需要100～150次，而图像记忆一般的内容只需要10次左右。想想看如果你想记住一部电影，你需要看10遍吗？我想反复看三四次，估计你就想吐了！

改变对于很多人来说，都是很痛苦的！尤其是对于我们习惯了那么多年的记忆方式！可是，如果我们在改变之后，可以达到这样的记忆效果，你愿意改变吗？如果愿意的话就请牢记下面图像记忆原理，并在以后的日常生活中，身体力行地运用它！

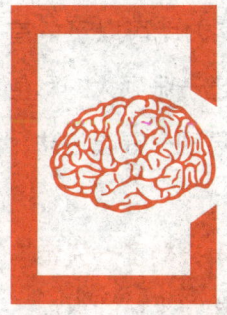 # 图像记忆原理和方法体验

图像记忆的原理就是：把需要记忆的资料（文字、数字、英文等）转化成活动的图像，像看电影那样来进行记忆，把图像记忆过目不忘的本领充分发挥出来！在左脑记忆的基础上，学会运用右脑的图像记忆功能，充分调动大脑的

记忆潜能，真正做到过目不忘！

下面，就让你来体验一下图像记忆，看是否像我刚才说的，可以一次性让大家记忆更多的内容。这次这16个词语大家不需要记，只需要按照我所写的内容去发挥你的想象能力，我保证你不仅可以一次做到按顺序背诵下来，而且还可以做到倒背如流！

首先，请先把16个词语快速的读一遍，只要看清里面的文字内容是哪些就可以了，不需要记。

记忆16个词语：

自行车、奖杯、火炬、帆船、
大象、长颈鹿、乌龟、钢琴、
螃蟹、电吹风、树叶、蝴蝶、
恐龙、溜冰鞋、沙发、鳄鱼

然后就开始带着轻松的心情，一边看我下面的文字，一边发挥天生赋予你的想象能力就可以了。首先，想像着自己的脑中，渐渐浮现出一张硕大的彩色显示屏幕，在这电影屏幕中，将会展现一幅幅生动、好玩且有色彩的画面，具体如下：

一辆绿色的环保自行车砰地一声撞翻了一只金灿灿的巨大奖杯，奖杯里掉出一根燃烧着火焰的火炬，火炬点燃了帆船的帆，整个帆船都烧着了，帆船上站着一头大象摇摇晃晃的甩动着鼻子，大象的鼻子勾住了长颈鹿的脖子，将长颈鹿勒得口吐白沫使劲蹬脚，

明月指路：

运用图像记忆，要养成闭目回忆的习惯！

长颈鹿一脚踩到了一只大乌龟，将乌龟壳踩了一个大洞，可怜的乌龟伸出头和脚，爬到一架钢琴前面，开始弹着忧伤的钢琴曲（为什么受伤的总是我），钢琴的黑白键里爬出了一只一只螃蟹，螃蟹的钳子上还钳着一把把红色的电吹风，电吹风里吹出了许多碧绿的树叶，很多很多，仔细一看，每一片树叶上都停着一只漂亮的花蝴蝶，这群蝴蝶一起飞到了恐龙的身上，停在恐龙的头上脚上背上，到处都是，恐龙穿上溜冰鞋，跳到你家的沙发上溜冰，结果将沙发压断了，沙发断了的木头，刚好插进在沙发底下睡懒觉的鳄鱼的头上，血淋淋的死在那里！

然后每个有缘看到这个故事的朋友，都有机会得到一根鳄鱼牌皮带！领取方式，就是到你身边最近的鳄鱼专卖店，拿起来，直接就跑！如果被抓到，你就说是明月老师让你来拿的，找她要钱去！呵呵……

短文看完了，你感觉自己记下了吗？可能你会说："不知道，不过感觉挺好玩的。好像记住了，又好像没记住。"呵呵，没关系，那咱们就先来尝试着简单回忆一下：屏幕中第一个出现的是什么？自行车，不错，而且是绿色的，和树叶的颜色是一样的。自行车怎么了呢？好像撞到了什么，车轮子都撞变形了。不错，是撞到了一个巨大的奖杯，而且是金灿灿的奖杯。奖杯被撞倒了，是不是掉出了什么了呢？不错，掉出了一个燃烧着火焰的火炬。火炬掉到什么地方了呢？船上。对，火炬点燃了帆船的帆，熊熊大火啊！船上好像还站着什么？摇摇晃晃的还甩着什么，嗯，对的，大象鼻子，站在帆船上的一头大象，摇摇晃晃的甩动着鼻子。鼻子勾住了长颈鹿，长颈鹿踩到了大乌龟，大乌龟怎么了呢？

这次，是不是都记住了呢？

运用图像记忆方法不仅可以提高记忆力，重要的是可以同步提高注意力、想象力、创造力，特别对想象力会有很大的帮助。如果我们养成运用图像记忆的习惯，将会终生受益。

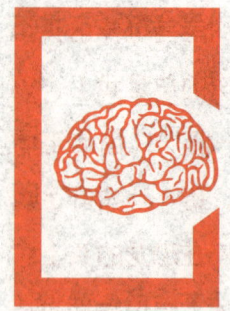

图像记忆技法三大体系

1. 记忆方法体系
2. 记忆力训练体系
3. 实践应用体系

1.记忆方法体系：图像记忆四大步骤

第一步，图像展现：通过想象力把记忆资料的图像展现出来；

第二步，图像联想：运用想象力把两个以上的图像生动地联系起来；

第三步，图像简化：把复杂的图像进行简化；

第四步，图像定桩：运用定桩法来更快更牢地进行记忆。

2.记忆力训练体系：记忆体操

记忆体操之一：牢记《八荣八耻》。

记忆体操之二：牢记圆周率100位。

记忆体操之三：倒背如流36计。

记忆体操之四：倒背如流《琵琶行》。

记忆体操之五：倒背如流《弟子规》。

记忆体操之六：数字、扑克快速记忆训练。

3.实践应用体系：把记忆方法应用于实践的学习、工作、生活当中

如：英语单词记忆、专业知识记忆、工作内容记忆、人名电话记忆等等。

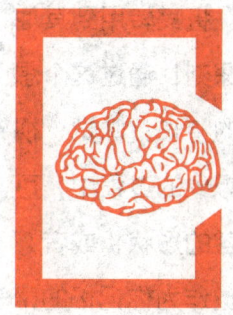

图像展现与图像联想初体验 ——名词

1. 图像记忆第一步：图像展现——名词

a.图像展现——定义：通过想象把记忆资料的图像展现出来

说明： 要运用图像记忆方法，首先要做的事情，是要尽量把记忆资料、记忆对象的图像展现出来，只有脑海中有了图像，那么图像记忆的方法，才能运用出来，所以，图像展现是图像记忆的第一个步骤。

b. 词语展现练习：

柠檬、飞机、锣鼓、珊瑚、电脑

"柠檬"

看到这个词语你有何感觉呢？脑中有怎样的图像呢？（停下来想象30秒）

好，下面请跟着我来作一个想象。

想象你的眼前，有一颗新鲜的柠檬，黄色的，圆圆的，上面还滴着露珠，非常的新鲜，闻一下，恩，还散发着一股清香！这时候，我拿出一把刀，将它切成一片一片的。我从中抽出一片，将这片边角还滴着黄色的汁液的柠檬，轻轻地放进你的嘴里，然后，你用力地咀嚼一下，柠檬的汁液流到了你的牙齿，涌进了你的牙龈、舌头，酸酸的柠檬汁充满着你的整个口腔，这个时候，你的感觉如何？呵呵，还能HOLD住吗？是不是嘴里酸酸的，唾液分泌增多了呀？

咱们来具体认识一下：我们在这里并没有看到柠檬，当然也没有真正的吃到柠檬，但是我们的想象却可以再现我们已有过的经历，让当时的情境感觉真实的再现！你想得越清晰、越真实，你的感受也就会越深！将其转用到其他事物上，你的想象越清晰、越真实，你对此的记忆也就会越深刻！通过这个想象练习，大家可以回顾一下自己想象的过程，留意一下自己的特长：味觉、视觉、触觉等等，哪个或者哪些是自己比较敏感的。比如你在想象的过程中，可能对形状比较敏感，那你在想象的时候就多去想象要记忆内容的形状；或者，你可能对味觉比较敏感，那在想象的时候就充分调用你的味觉作为你记忆的帮手；更或者，在想象的过程中，甚至连小小的露珠都能看到，那说明你的视觉非常的强悍，那在平时的记忆旅程中，就多多地融入视觉效果。抓住了自己擅长的感官，在日后进行想象的过程中，多多的去应用它，你的记忆就会更加的深刻！

通过上面这个例子的想象练习，大家应该能够初步掌握图像展现过程了！对于剩下的几个词语，大家也尝试着想象一下吧：

参考：

"飞机"

两个翅膀，飞在天空，轰轰的刺耳声。（图形、经常活动的处所、听觉）

"锣鼓"

圆形的，咚咚，敲的响的（图形、听觉）

"珊瑚"

珊瑚的形状各异，所以你就需要自己去定格一个对你来说，容易记忆的画面。

"电脑"

可能就是你面前的这台电脑，也可以是你梦寐以求的笔记本电脑，尝试着去定格一个你的电脑图像！

2. 图像记忆第二步：图像联想——名词

a. 对应联想法定义：把两组图像通过想象联结在一起。

对应联想法就是在只有唯一对应关系的两个记忆对象之间进行联想，使双方形成紧密的对应关系，以达到提到一方就能马上想起另一方的记忆目的。

b.对应联想练习——名词

老鼠——飞机
西瓜——老虎
苹果——雪梨

请参照下述例题，将上面的词语自己先尝试着进行对应联想（每个对应联想限时30秒）：

例题：
兔子——萝卜：兔子啃萝卜
萝卜——兔子：萝卜砸兔子（或萝卜插进兔子的屁股里）
说明：在要求记忆的前后顺序时，请注意用前者来主动联结后者。自己在对应联想的同时，可以进一步地融入感官等元素！

联想记录1：＿＿＿＿＿＿＿＿＿＿＿
联想记录2：＿＿＿＿＿＿＿＿＿＿＿
联想记录3：＿＿＿＿＿＿＿＿＿＿＿

在自己尝试对应联想之后，再继续下面的内容！

好了，联想之后，请对照一下下面的示例，其中，有没有你也有的不当。

明月指路：

本书中要求自己先尝试练习的地方，请认真对待！有些理论，只有在自己先行体验过，甚至是犯过错误的地方，才会印象深刻！

联结：

老鼠——飞机：

对应联想：老鼠（舒克贝塔）开飞机；

老鼠（舒克贝塔）从飞机上跳伞下来……

西瓜——老虎：

对应联想：老虎吃西瓜；（前后颠倒）

西瓜被老虎吃掉；（使用被动结构）

西瓜里有个老虎；（动作感不强）

苹果——雪梨：

对应联想：苹果和雪梨结婚；（"和"的语句结构，不利于形成顺序）

苹果吃雪梨，（没有抓住词语的特征，采用恰当的动词）

分析：当我们去记忆一些东西时，很多时候，我们需要按照顺序去记忆，而且，也只有按照顺序去记，我们也才能更好的回忆！下面，我们先来分析一下上述三组词语的对应联想注意点：

第一组词语"老鼠——飞机"，大家会感觉很容易联想，因为这组词语是"动态"词语在前，"静态"词语在后！也就是说，老鼠本身就能产生特有的动作，直接和后面静态的词语——飞机，进行联结！

第二组词语"西瓜——老虎"，静态词语在前，动态词语在后，这时候，大家要去联结时的第一反应就是本能地将老虎调到前面，然后将老虎特有的动作拿来作用于西瓜，这在后续的回忆时，顺序肯定就会混淆了！而对于被动语态，也会产生这样的混淆效果。"西瓜里有个老虎"，"什么里有什么"，这样的语句结构，动作感不强，同时也没有将"西瓜"或者"老虎"自有的特征通过动作表现出来！大家来看看这样的表述如何：西瓜砸到老虎的头（脑中可以想象着：绿皮有纹的大的西瓜，砸到老虎之后，爆开了花，西瓜里的粘粘的汁液、西瓜籽洒得老虎一身。老虎张牙舞爪地怒吼着）；或者切开西瓜，里面跳出一只张牙舞爪的老虎。

第三组词语"苹果——雪梨"，两者都是静态的物体，大家可能会感觉更难联结。样例中"苹果和雪梨结婚"，有两点需要注意：一是运用了拟人，将原有图像本来的外貌特征丢弃不用，在回忆的时候肯定不容易回想起来；二是运用了"和"的结构，两者是并列的，请问在回忆的时候还会有顺序吗？"苹果吃雪梨"，也是采用了拟人的手法，同时还没能将图像原有的动作特征表现出来！好的，请感受如下的联结：一堆红红的苹果压扁了一只黄色有斑点的雪梨；切开一只大大红红的苹果，里面掉下来一只黄色有斑点的雪梨。

对于两者都是静态的物体，可能有的朋友会产生疑问了，静态的物体都使用"撞"啊，"砸"啊这样的动词，会不会混淆呢？我想你去试了就会知道。每个物体都有自己特有的图像，只要我们抓住了它们的特征就好，至于动作，只不过是将它们产生联结！

c. 串联联想法定义：

串联联想法就是3个及3个记忆内容以上的联结，我们称之为串联。串联联想法就如同竹签一样，它把要记忆的若干项内容串起来，形成一个整体，从而可以提一个而想出一大串。所以我们就形象地将这种记忆方法命名为"串联联想法"。**"串联联想"**是以**"对应联想"**为基础的，再多的词语，也是通过两个

明月指路：

问题要跟着课程内容走，如果有之前了解过记忆方法的，也请能够跟着课程的进度，在保证每节课程的内容的实践训练的基础之上，再去进行后续的内容！
不要总是去和别人比，因为这个世界总会有人比你快，只要将注意力放在自己的上一秒，每天进步一点点就好！

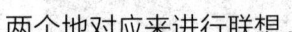

两个地对应来进行联想。

串联联想是建立在对应联想的基础上的，那么，我们在对应联想的练习"苹果——雪梨"后面加一个词语"水杯"。我们如何来联结呢？不错，往下接着对应联结：切开一只大大红红的苹果，里面掉下来一只黄色有斑点的雪梨，雪梨砸翻了圆口一尺高的水杯。那如果我再在水杯后面加一个词语"鹦鹉"呢？嗯，是的。只要将"水杯"和"鹦鹉"进行对应联结，比如：水杯翻倒盖住了鹦鹉！如果下面再有，依次类推。

对了，这里还要着重说明一下静态词语的联结。同样是静止的，就更需要发挥想象力，大家一般很容易就会将其拟人化。但一般我们不建议将这样本身就具体清晰图像的内容拟人化，而是首选其本身具有的图像加上动作进行连结。

比如：上面的"苹果——雪梨——水杯"，利用拟人，苹果吃雪梨，雪梨拿水杯，大家感觉在回忆的时候容易回忆起来吗？如果，在水杯的后面，我再加上"办公桌"，再加上"笔记本"，还是用拟人的方式来进行联结，还会好回忆吗？

当一个词语，实在不好联想的时候，我们可以加入一点点拟人化想象，但也不能太偏离原图像特征，要不然回忆时可能就不会清晰了。如：苹果的原型上长出一双手或张嘴，但一定是原型图像你能想出来，如果做不到的话就尽量不用拟人。

细心的你，可能也会问，那为什么小孩子用拟人去想象，就可以很容易的想象出来呢？我想，这就是大人和小朋友的区别了！要知道，小朋友的想象力是很丰富的，他们也经常看一些动画片，在动画片中就会有很多本身静止的图像，但在动画片中它们却是会说话会走路，甚至会唱歌、跳舞的！你可能会说，那我也回去看动画片去。呵呵，那也挺好啊，在时间允许的情况下，和孩子们一起看动画片也是一种乐趣嘛，而且还能增加自己的想象力。当然，孩子们的想象力是很丰富，这是他们的优势，作为成年人，我们也有自己的优势啊，那就是我们接触的事物、看到过的事物比他们多，对比过的事物比他们多，因此，我们要充分利用好自己的优势，将记忆发挥到自己的巅峰！

d、串联联想练习——名词

下面是串联联想的一个简单练习，大家可以花一分钟自己串联一下。

鹦鹉——钥匙——大门；

钥匙——鹦鹉——大门；

警察——沙发——石榴；

警察——石榴——沙发；

在一课上完之后，您可能会有很多的疑惑，有很多的问题，在此，我想跟大家强调一下，前三课的学习，我们注重的是大家课堂案例的亲身感受，也就是让大家在自身感受当中，觉知到自己天生就具有的强大的图像记忆能力。而且，在觉知的同时，让大家对如何更好地应用图像记忆有个初步的感受。

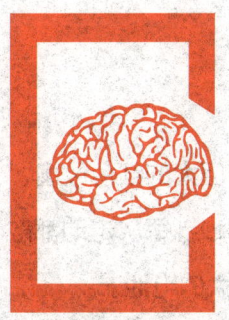

图像记忆第一课作业

一、写下自己的心得

将每天的学习心得记下来，并在以后的时间里不断总结。

二、1～20的数字编码熟悉并记忆所有的图像。

见附录内容。看着内容运用图像展现和图像联想帮助记忆也可以的，自己边看边联想就可以了。

三、20个名词串联联想练习

（自己自行进行想象串联记忆，也可以发出联想过程。请记录所用时间！）

电冰箱、 风扇、 手表、玫瑰花、卫生纸、

电池、 电话、花生油、哈密瓜、 翡翠、

汽车、天安门、手电筒、 书本、 钢笔、

望远镜、电影院、老虎、 熊猫、饮水机

说明：随着自己练习的增多，记忆词语的速度就会逐渐增加！刚开始请在保证图像展现及图像联想效果的基础上去逐步增加自己的记忆速度！

作业对比及评析：

20个名词串联联想练习

回家打开电冰箱蹦的一声爆炸了，在爆炸的瞬间飞出一台巨大的红色风扇，风扇的每个扇片上挂满了（金光闪闪黄金钻石）手表，手表的秒针每次走动都散落出血红血红玫瑰花，玫瑰花的花瓣划开卫生纸掉出了一块巨大的电池。

电冰箱的门打开打碎了后面的风扇，风扇掉下来落到手表上，手表上开出了一朵漂亮的玫瑰花，玫瑰花的刺刺破了卫生纸，卫生纸包着电池。

那台红色的电冰箱被小儿子用力举起来,砸向正在旋转的电风扇,电风扇嘣的一声被咂倒了，没想到，将我太太的右手腕的手表玻璃砸碎了，这时，奇迹发生了，竟然从表面上慢慢地长出一支漂亮的红玫瑰，我太太好开心啊，拿了一卷卫生纸，小心翼翼将这枝红玫瑰枝干部分包起来，这时，我的小儿子又来捣

蛋了，竟然将卫生纸折开。

我家里那个老电冰箱散热不好，我用电风扇吹，不小心电风扇倒了下来砸坏我儿子的电子手表和我昨天送给我老婆的蓝色玫瑰花，把一卷心相印的卫生纸也弄湿了，同时也弄湿了我才买的两节南孚电池，当我手忙脚乱收拾的时候，电话又响了，我又去接电话，原来是单位发了两桶鲁花牌花生油。

咱们不去评价任何一个联想的好坏，适合自己的就是最好的！只是，我们要考虑到更适合自己的图像联想的方式，这有待于大家在跟随我们课堂的过程中，进一步的去自我探索、尝试！

把图像串起来主要有两种方法，一种是直接用简单的动作来进行联结，这时两个图像之间要相互接触，例如"乌龟弹钢琴"，动作是"弹"；另一种是用故事来进行联结，例如"参加自行车比赛获得了奖杯"，就带有故事的内容。能用简单动作来联结的，就尽量不用故事。而相对比较复杂的记忆资料，往往需要用到故事来进行联结。

图像的串联简介，放在第二课点评，让大家先去实践，根据实践的情况，再进行自我的整理！

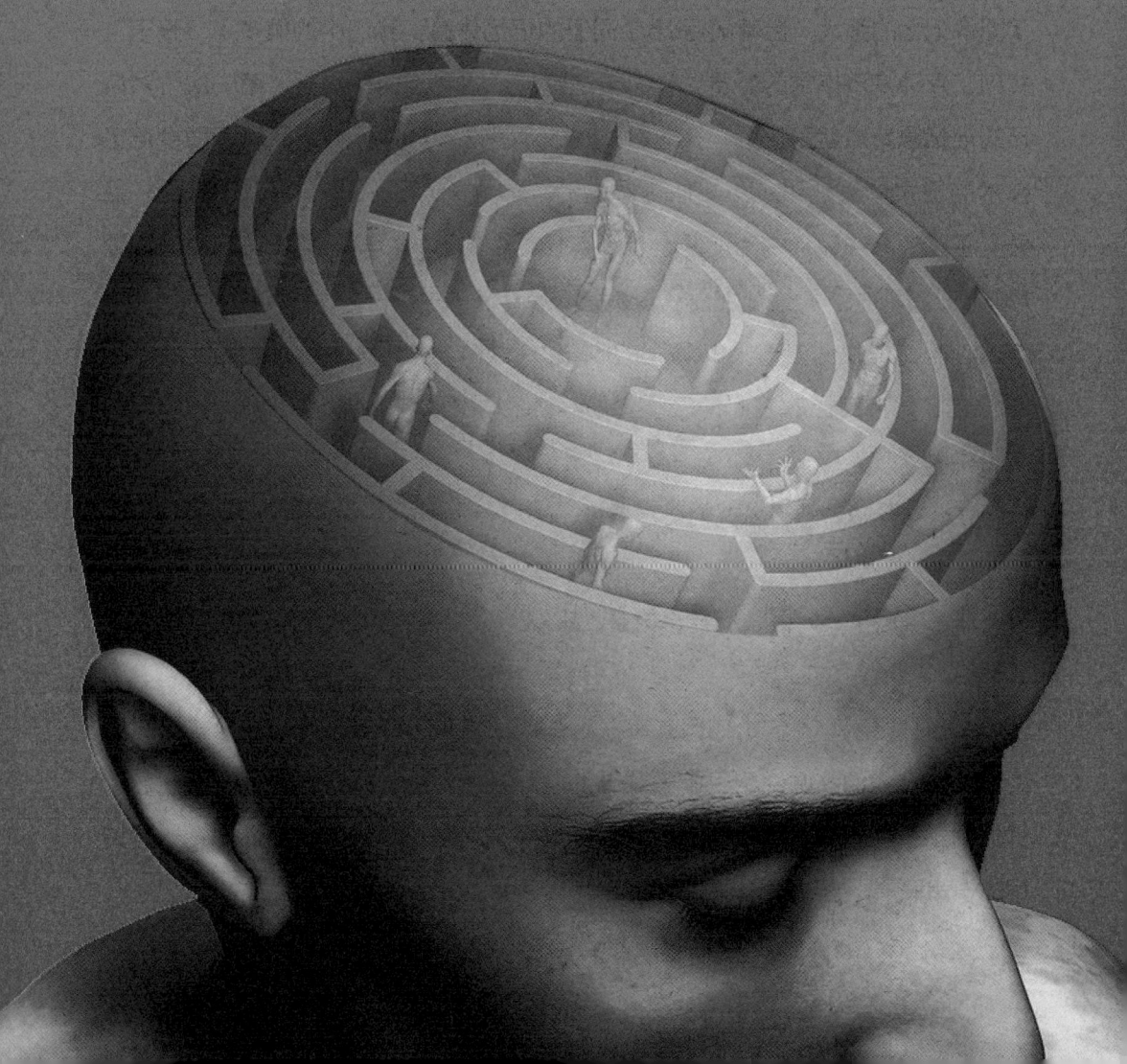

第二课
图像转化与联想
——抽象词

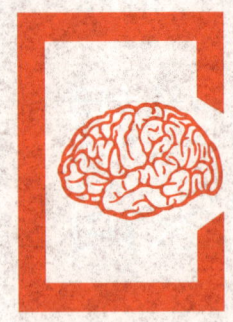 图像转化方法

上一课，我们一起学习了图像记忆原理，在课上，我们通过词语记忆测试，初步真实地掌握了自己在迈入记忆旅程前的记忆状态；接着，我们又了解了大脑记忆的两种方式——传统记忆和图像记忆，通过图表的对比，我们知道了图像记忆的强大，借着随后16个词语的记忆体验，我们中的很多人"终于"找到了那种梦寐以求的感觉，通过与之前的记忆状态的对比，"第一次"对自己的记忆重新燃起了信心；在这种浅浅的小兴奋中，我们继续了解了图像记忆技术的三大体系，初步对咱们这本书的整体框架有了认识；最后还初步"品尝"了图像方法体系中的前两个步骤在名词中的运用；同时，在第一课的词语串联联想练习中，我们还加深了对串联联想方法的掌握……

这些都是我们前一天的满满的收获，在此，我想邀请大家在继续今天的课程之前，将自己的内心清空，将所有的一切归零，全身心地投入到今天的学习中！

在课程开始之前，让我们花一分钟来串联一下下面的几个词语：

非常、窗子、人民、凝结、自由、幸福

有什么疑惑吗？这个如何去串联呢？用故事来串联，很好。在第一课布置的作业中，我们强调说明了串联联结的两种方法。这里只有一个词语有图像，其他的都没有图像，那我们当下只能用故事来串联了！好的，那请你花一分钟用故事串联一下这组词语！

串联如下： _____

串联好了吗？感觉好记吗？好的，咱们先将你做的这个串联放在这里，下面我们提供给你另一种方法，来帮助记忆这组词语。我们先来分析一下这组词语，除了"窗子"之外，其他的都是抽象的，好像没有图像。嗯，很好，它们本身没有图像，那我们就将其转化成有图像的不就可以了嘛！不错，这就是我们本课要重点攻克的知识点：图像展现——抽象词的图像转化，及其联想。

抽象资料（不能直接想出图像的资料）的图像展现方法：图像转化

说明： 当我们遇到一些要记忆的词语的时候，如果是具象词语，那么，只需要直接想就马上能想出图像。可是，如果是碰到抽象词语，那么，就需要运用一些方法来把这些词语转化为图像才行。把抽象词语转化为图像的常用方法主要包括谐音法和代替法。

下面，我们运用这两种方法来尝试着将刚刚的那六个词语先进行图像转化，然后，再来串联：

"非常"，我们怎么转化呢？有人会说"非常6+1"，我想问你，"非常6+1"有图像吗？有人会说，有，是李咏啊！呵呵，那我想问你，从"非常"到"非常6+1"，又到"李咏"，转了几道弯？我们在图像转化的时候要尽量的简洁，同时也要尽量地贴近原词，要达到看到转化词的图像，就能立马想到原来的词语，看到原来的词语，就能立马想到转化后的图像。在这里，我们用"肥肠"感觉如何呢？

下一个"窗子"，这个是名词，不用转化。"人民"，这个怎么转化呢？"人民币"如何？可以进一步强化一下，用红红的百元大钞来代替！下面一个是"凝结"，谐音好的朋友有个图像可能直接就会蹦出来了——"领结"。还有"自由"，如何图像转化呢？不错，美国举着火炬、拿着书本的"自由女神像"。最后一个是"幸福"，什么东西会让大家感觉到幸福呢？最能代表幸福呢？有人说，钱，我就缺钱，有了好多好多的钱，我就幸福了。呵呵，可以用一堆的钱来代替"幸福"，不过，请注意在同组要记忆的词语中，当我们在转化的时候，要留意一下：不能有雷同的转化图像！比如这组词语中，"人民"，我们已经转化成"人民币"了，现在这个"幸福"，如果再转化成"钱"或"一堆美元"，就很容易在图像串联时候产生混淆！在这里呢，"幸福"，我转化成了一张"全家福"照片，既能代表幸福的含义又有图像！大家说呢？呵呵，来回顾一下，在这几个词语中，"非常""凝结"我们利用谐音法进行了图像转化；"人民""自由""幸福"，我们采用了代替法进行了图像转化！

图像转化好之后，让我们来对这组词语作一下串联联想，请花一分钟进行你的串联联想：

参考联想：肥肠挂在窗户上，窗户夹着一叠人民币，人民币上打领结，领结上挂着自由女神像，自由女神像手中捧着一张全家福！

请对比抽象词转化前后，串联记忆的效果！然后咱们来分析一下其中的原因：哪种方法，更容易记忆呢？抽象词在故事情节中，当我们回忆的时候，很容易被略去。我们知道，大脑是喜欢图像的。因此，很多时候，转化后的抽象词更容易被记住。

有两个步骤，大家感觉到了没有？自从第一课的第三部分提及了图像记忆方法体系的四大步骤，第四部分，初步体验了名词的图像展现与联想，再到刚刚的抽象词语的图像转化后的再联想，我们一直在强化图像记忆方法体系中的前两个步骤——图像展现和图像联想。对于名词，我们可以根据自身的经历，直接定格一个图像，如果遇到的是抽象词，那我们就要想法子先进行图像转化，然后再进行联结。

下面呢，就让我们继续来体验这两个步骤吧！

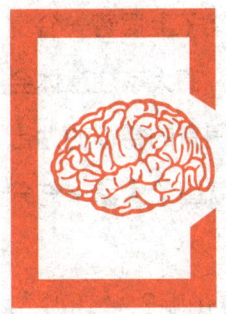

抽象词记忆练习

抽象词对应联想练习

　　针对下面的四组词语，大家先自己尝试着进行联想一下（3分钟），并且将自己联想的词语写在后面的划线上：

便宜—— 嘴唇：_____

价值—— 四季如春：_____

石榴—— 巧妙：_____

石榴—— 一劳永逸：_____

　　有了之前的案例体验，再来做这四组词语的对应联想，感觉如何呢？对于抽象词语，转化为图像的方法，书中列出了两种方法——谐音法和代替法。方法简单，关键还在于咱们的灵活应用。下面咱们就来一起看看这四组词语：

　　"便宜"，大家用的是什么方法啊？我用的是代替，在生活中，你会感觉什么便宜呢？是一分钱还是一毛钱？呵呵，我用的是"一毛钱"代替"便宜"，那下面就是"一毛钱"和"嘴唇"的图像联想了哦，你是怎么联想的呢？我用的是"一分钱（硬币）贴在 嘴唇 上"。

　　"价值"，怎么转化呢？有人想到了"假肢"，也有人想到了"架子"、"夹子"，你想到了什么呢？"四季如春"，我想到了用"空调"来代替，因为在空调房里的室温，总是让人很舒服的，不是吗？呵呵，还有人想到了用"松树"，很好，松树一年四季都是绿色的！下面我们来尝试着联想一下：

"假肢卡在空调出风口"，或者"架子上摆着一台空调"，或者"夹子夹在了空调上"。请大家注意体会在对应联想中我用到的动词与名词固有的特征的贴合度，好的，剩下的几个对应联想，就留给大家来充分发挥自己的想象吧。

"石榴——巧妙"，先怎么转化呢？"巧妙"感觉好别扭，好像不太容易转化。呵呵，这里是我给大家挖的一个坑，大家来想想，巧妙这个词与石榴的贴合的点没？石榴里面的籽排列得巧妙吗？当然！既然这样，那我们就不用再去转化了，直接在联想之前，加入一个惊叹的表情：哇哦，石榴的籽，排列得好巧妙哦！这样的联想，大家感觉图像感强吗？呵呵，在这里我想强调，咱们总结出来的方法只是对于多数的词语转化来使用，其中肯定也会有个例，对于个例，那我们就需要发挥天生赋予我们的创造力来特别对待了！

"石榴——一劳永逸"，看到这组词，你是不是有点谨慎了呀？呵呵，是不是在想"石榴怎么样就一劳永逸了呢？"很好，你说石榴榨成汁，是不是就一劳永逸了呀？当然，这里我们也可以尝试着用谐音法，"一劳永逸"这是四个字，我们取其中的两个字"永逸"，谐音一下成"绒衣"，那剩下就是"石榴——绒衣"的联想：石榴挂在绒衣上。

抽象词串联联想练习（5分钟 尝试记忆）

炸弹　蜗牛　富裕　书　软弱

围巾　价值　猪　凝结　闹钟
四季如春　非常　台灯

明月老师的转化及串联：

炸弹　蜗牛　富裕（浮鱼）　书　软弱　围巾（软软的围巾）

价值（假肢）　猪　凝结（领结）　闹钟　四季如春（空调）

非常（肥肠）　台灯

炸弹炸开蜗牛壳，蜗牛壳里浮出一条鱼，鱼跳到书上，书中间夹着一条软软的围巾，围巾裹住一个假肢，假肢抓住猪尾巴，猪鼻子上打领结，领结挂闹钟，闹钟掉在空调顶上，空调里吹出一节节肥肠，肥肠缠着台灯。

明月指路：

很多好的想象都不是一次成形的，我这里提供的参考联结也是多次修改之后的。不少做作业比较认真的朋友，总是习惯性的去设法一次达到最好的想象效果，殊不知，这样的时间和精力的投入，往往会对自己的积极性有打击！

请记住：放松、自在的去想象，相信你的大脑，它会逐渐的给你最好的想象，前提是你一直在用！

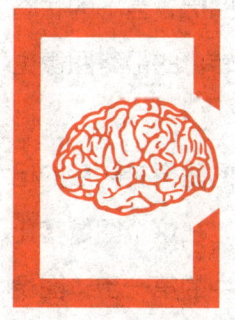 # 谐音法与代替法的运用

前面我们只是通过谐音法和代替法对要记忆的词语进行第一步的图像转化，下面我们来看一下这两种方法在一些题型当中的应用。

明月指路：

对于图像记忆的转化，没有最好，只有最适合的！以回忆的效果作为标准，适合自己的就是最好的！

"想象"就是一场游戏，以游戏的心去想象轻松自在就能形成！

a. 谐音法

谐音法就是把一个抽象的词语通过谐音之后，变成另一个具象的词语。例如，"新西兰"是抽象的，但谐音为"新西篮"就有了购物篮的形象；又如，"巴黎"是抽象的，而谐音为"巴梨"之后就有了梨子的形象。

例一、战国七雄

齐、楚、燕、韩、赵、魏、秦

你可以先尝试着想想，这个咱们如何来记忆呢？虽然只有七个字，但想要记住，咱不能还像之前那样去不断地读吧？！我们图像记忆课程的核心是什么？图像！那咱就将这七个字转化成一幅生动的图像不就完了嘛！这七个字如何谐音转化呢，我们先两个三个分开来看看，先看我做的参考："齐楚"——"骑猪"，"燕韩"——"严寒"，"赵魏秦"——"找围巾"，合起来就是：骑猪严寒找围巾。感觉如何呢？当然，这里只是我的一个图像转化，不一定非得要以我的作为标准！每个人的生活阅历，当下的状态等等都不一样，这也就决定了图像转化的最终图像也就会有所不同！

在我们感受到了如此谐音带来的图像转化后的记忆便捷之时，我们静下来分析一下，在这个图像转化之后，其实，我们只做了四个步骤中的第一步：图像展现，也就是说只要一步我们就记住了这个例子！简单、好玩吗？呵呵，如果答案是肯定的，那咱们就继续吧！

例二、金属活动性顺序

钾、钙、钠、镁、铝、锌、铁、锡、铅、（氢）、铜、汞、银、铂、金

记忆：

金属活动性顺序，这是初中化学课本上的内容。如果你是一位初中生，而且当下正在学习这一块，啊，那你就要幸福了。而已经学过的朋友就要感叹了，呵呵，学过了也没有关系，咱是来学方法的，咱就要通过新方法来感受再次学习的乐趣，通过对比，咱们会收获得更多的！

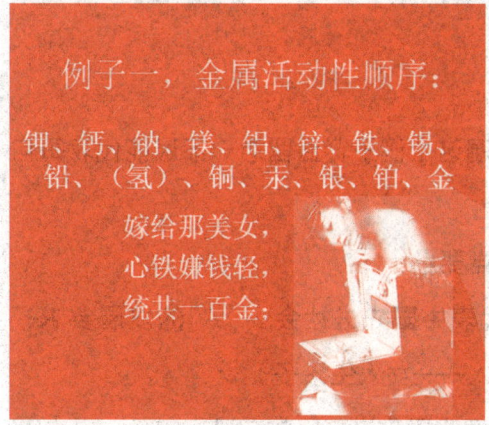

看到这一串的金属，我们首先来读一下，找找感觉。有什么图像的出现没？请自己先尝试着整理一下，然后来参考一下我做的图像转化：

嫁给那美女，心铁嫌钱轻，统共一百金。

例三、我国共有55个少数民族，人口最多的四个少数民族是：（ABCD）
A、壮族 B、满族 C、回族 D、苗族

这四个答案如何转化成图像呢？而且还是两个字。眼快的你或许已经发现了，每个名族后面的"族"不用记的，只要记一下前面的四个字就好。没错，那就自己尝试着转化一下吧。"壮蟒毁苗"，是不是一下就记住了呢？

谐音法小结：

谐音法的运用，最重要的是找出同音不同字且带有一定图像的文字来转化，而不能光有谐音而缺乏图像感。谐音的时候，可以整个词谐音，也可以用其中的一两个关键字进行谐音。

b. 代替法

代替法是指，当我们遇到一个抽象词语的时候，可以找出某个能代表这个抽象词语意思的具体图像来代替这个抽象词语。例如，用"自由女神"的图像来代替"自由"，用"笑脸"的图像来代替"快乐"。

下面我们来感受一下其在例题中的实际应用。

例一、"三个代表"的主要内容

请先读一遍这个例子，且留意一下最能代表每句话的关键词。

中国共产党要：

1. 始终代表中国先进社会**生产力**的发展要求；
（农民）（女人——女人生孩子）

2. 始终代表中国先进**文化**的前进方向；（书本）

3. 始终代表中国最广大**人民**的根本利益。（钱）

这是一个政治题记忆，很多人见了都会头痛。想当年不知道折腾过多少咱们的兄弟姐妹。还有一些考研的朋友，在面对这样类似的政治题时，真的就蒙了！一个一个的读，一个一个的记，然后又一个一个的忘，反反复复的折腾，真的是伤不起啊！

其实，像这样要记的内容，我们之所以会感觉难记，原因在于它们太抽象。在这种情况下，我们只要在原来抽象的基础上增加一点图像，再增加一点幽默进去，还会难记吗？呵呵，你看，我们刚刚读过了这

明月指路：

不要被你要记的内容吓住，当你静下心来，认真审题的时候，或许你会有豁然开朗后的喜悦！

三句话之后，还会发现一个现象：三句中有很多的词语都是重复出现的，而且这些词语也很容易记忆，只是在回忆的时候抓不住核心罢了！那我们就将每句的核心提炼出来，将重心放在每一句的"关键词"上面。这个关键词，就是最能代表这句话核心内容的词，只要提炼出每句的关键词，然后将每句的关键词串联起来，形成图像。我们在回忆的时候，借着这些关键词就能回忆出原句的内容。感觉如何呢？心动了没？呵呵，那就赶紧花三分钟试一下，并将内容整理好写在下面的线上。

三句的关键词：＿＿＿＿　＿＿＿＿　＿＿＿＿

关键词转化词：＿＿＿＿　＿＿＿＿　＿＿＿＿

转化词串联联想：＿＿＿＿＿＿＿＿＿＿＿＿＿＿＿＿＿＿＿＿＿

怎么样？找到点感觉没？如果还不知如何下手，那就请跟着我的引导，咱们一起做一下吧！

第一句，大家找的关键词是什么？"始终代表中国"应该没人去选吧？焦点应该会在"生产力的发展要求"，几个词语中，哪个可以作为关键词呢？是"生产力"还是"发展要求"呢？这样，咱们换个思维，如果大家在回忆这句的时候，感觉哪个词语会丢掉？或者说我们记住了这两组词语中的哪组之后，剩下的那个就会跟着记下来了呢？我个人倾向于"**生产力**"。剩下的两个句子的结构都是一样的，同理，第二句和第三句的关键词分别是"**文化**"和"**人民**"。

三句的关键词，我们找出来了，下面如何转化呢？什么可以作为"生产力"的图像代表？我用的是"农民"，农民是整个社会发展的核心基础，也就是社会发展的生产力嘛！当然，针对同一个词语，不同的人可代替的图像肯定是不同的。就像曾经就有一个小朋友给了我一个很好的代替，那是2007年在济南讲课的时候，是在一个母子班上，我刚刚说出来"生产力"用什么代替比较好，一个十来岁的小男生就给了我两个字的答案——"女人"。那时，当场我就愣在那里，我说"女人"怎么代表"生产力"啊？（真的，呵呵，我之前从来没想过"女人"可以代表"生产力"）然后，那个小男生就很严肃地跟我说："女人生孩子不就是生产力嘛！"小家伙话语一出，我们全场笑翻了！呵呵，接着她的妈妈就脸红着跟我说："陈老师，孩子的想象力还是很丰富的哦！"我接着说，"那是相当的丰富！"真的没想到小孩子的思想会那么的开放，这也充分的说明小孩子的想象力不是一般的丰富啊！当然，我们大人也都是从这样的年纪过来的，只是在成长的过程中，渐渐地丢掉了！只要我们放开束缚自我的条条框框，不时的让自己的童心出来逛逛，让自己回到那样一个充满想象的小学时代！特别是在融入我们这样的通过图像想象来记忆东西的方法时，我们更要忘记自己的身份，忘记自己的职业，充分将自己的想象发挥出来！我这里只是作一个示范引导，期望可以给你带来帮助！下一个是"文化"，很多的文化都是通过书本的形式来流传，因此，我用的代替词是"书本"。第三个词是"人民"，最直接的就是人民币嘛！呵呵，不错，我用的就是"钱"

最后一步就是联结了，"农民"、"书本"和"钱"，如何进行联结呢？有的人用"农民拿书本卖钱"，很好，可以适当的想象着一个扎着白头巾叼着大烟袋的农民，一边将书本卖给人家，然后人家将钱递给农民的情形。这里，我用的是"农民要发

展就得多看书，只有多看书才能赚取更多的钱！适当想象一下：三个农民本来是在拿着锄头锄地的，这时候来了三个代表走过来，要求他们多看《农民》这本书，这时候，农民们将手中的锄头一扔，拿起书本就向马路中间走去，正在他们走的同时，迎面飘来了很多很多的钱！这就是发展当中赚取钱！可以参考一下上面的图，进一步丰富一下自己的想象！

我们再来回顾一下原内容：始终代表中国先进社会的生产力，农民拿着书

本，三个代表要求他们多看书，要求，发展要求，农民拿着书本，"书本"代表"文化"，向前走，"前进方向"，飘来很多很多的钱，"钱"——"利益"，"根本利益"！左右脑并用，图像加上一点点逻辑思维，三遍的复习，基本就会很容易记住它了！

例二：记忆体操之一：牢记《八荣八耻》

（五分钟拿下，五分钟抽背，只记前面一节）。

《八荣八耻》，你已经记住它了吗？虽然在各种场合，不断在要求记住它，但依旧还是有很多人记不住。在海马网站的课堂上，5分钟就可以让大家倒背如流前面的八荣，后面的八耻，简单对应一下就好！在课本的学习中，我们来看一下，你能用多长时间记住这《八荣八耻》。首先，各位大小朋友，请跟着老师，一起读一遍，注意每个字的写法及相应的意义（不需要去刻意的记）。

1.以热爱祖国为荣　以危害祖国为耻

（爷爷——老红军）（日本鬼子）

2.以服务人民为荣　以背离人民为耻

（奶奶——给红军做后勤服务）（汉奸）

3.以崇尚科学为荣　以愚昧无知为耻

（爸爸——科学家）（神棍）

4.以辛勤劳动为荣　以好逸恶劳为耻

（妈妈——家庭主妇）（猪）

5.以团结互助为荣　以损人利己为耻

（五阿哥——皇家子弟，弟兄众多）（皇后）

6.以诚实守信为荣　以见利忘义为耻

（小燕子——小燕子嘴里叼着一封信）（容嬷嬷）

7.以遵纪守法为荣　以违法乱纪为耻

（七仙女——违反天条，贬下凡间）（陈水扁）

8.以艰苦奋斗为荣　以骄奢淫逸为耻

（八仙过海——很艰苦，奋斗的，才能）（和珅）

　　大声读是为了我们能够在回忆复述时说得更加顺畅，好了，读完之后，请跟着我来记忆八个人物，你就会自然而然的记住前面的八荣。

　　在我们现在的三世同堂的家庭里，最年长的是爷爷奶奶，然后就是爸爸妈妈，

　　那么第一个就是爷爷，第二个人物就是奶奶，第三个是爸爸，第四个是妈妈，第五个呢？你？抱歉，没你的份！到第五个的时候，我们就需要另外再找一个带五的人物，看过《还珠格格》的人都会知道一个人——五阿哥，当然，如果你没看过，你也可以用五大郎，或者武松。和五阿哥一起的还有一个人——小燕子，我们用她作为第六个人物。第七个呢，我们用七仙女，第八个人物用八仙。

　　好的，就这八个人物，我们来一起回顾一下，第一个是爷爷，第二个是奶奶，第三个是爸爸，第四个是妈妈，第五个是五阿哥，第六个是小燕子，第七个是七仙女，第八个是八仙。回忆好了之后，我还要告诉你，记住了这八个人物，你基本上就记住了《八荣八耻》的前八荣。相不相信？

　　呵呵，貌似不太信哦！那我们来看看，第一个人物——爷爷，《八荣八耻》中的第一荣的核心词是什么？是不是"热爱祖国"？那咱们给爷爷一个身份——老红军，爷爷为了祖国，热血奋战，是不是热爱祖国？

那"爷爷"和"热爱祖国"是不是联系上了！第二个人物——奶奶，第二荣的核心词是"服务人民"，咱们也给奶奶一个身份——战地护士，爷爷上战场打仗了，奶奶干吗呢？在后方做后勤工作，给伤员端茶送水，服务人民子弟兵，这是不是服务人民啊？所以呢，"奶奶"和"服务人民"又联系上了！第三个人物——爸爸，到了爸爸这个年代，就要开始崇尚科学了，学习科学文化知识，那就给爸爸一个身份——科学家，"爸爸"——"崇尚科学"。第四个人物——妈妈，爸爸崇尚科学去了，那妈妈呢？妈妈是一名辛勤劳动的家庭主妇，要照顾爷爷奶奶，还要照顾你们，还要做很多的家务活，比较辛苦，一直在辛勤劳动，所以"妈妈"——"辛勤劳动"。第五个人物——五阿哥，五阿哥是皇家子弟，兄弟姐妹比较多，他要把所有的兄弟姐妹团结起来，所以，"五阿哥"——"团结互助"。第六个人物——小燕子，小燕子太活跃，总是调皮捣蛋，所以呢，只有诚实守信，乖乖的才能保住她的这颗脑袋，或者呢，可以说小燕子嘴里叼着一封信，也可以产生联结，"小燕子"——"诚实守信"。第七个人物——七仙女，对应"遵纪守法"，如何联结呢？七仙女没有遵纪守法，违反天条，私自下凡，可以作为一个反面教材。第八个人物——八仙，对应"艰苦奋斗"，这个应该好想。八仙过海，八仙要成为神仙时候，要经过很多的艰苦磨难，要有付出很多的奋斗才行。或者呢，就用"猪八戒"艰苦奋斗的吃西瓜也行，呵呵！

好了，看到这里，感觉自己记住了没？可能你自己也没什么感觉，千万不要回头再看，直接写下来，然后对照着看一下，如何？

1. _____，_____

2. _____，_____

3. _____，_____

4. _____，_____

5. _____，_____

6. _____，_____

7. _____，_____

8. _____, _____

先将其写下，然后对照一下，看看自己记下没？得到肯定之后，自己不妨合上书，然后给自己提问，句型如下：第三荣是什么？第五荣是什么？进行抽背，试一下！

感觉如何呢？是不是没想到自己能记下来啊？！呵呵，下面我们再来看一下后面的八耻。八耻的记忆就更简单了，咱们可以直接和前面的八荣进行联结，比如：第一耻"以背离人民为耻"，可以抽出关键词"背离"，第一荣"以热爱人民为荣"，抽出关键词"热爱"，图像转化一下："梨"——"爱心形热气球"，热气球下面挂着很多很多的黄色带点的梨。剩下的依此进行对应联想！

当然，我们还可以再去选八个反面的人物，来记忆八耻。比如：

1. 日本鬼子 2. 汉奸 3. 神棍 4. 猪 5. 皇后 6. 容嬷嬷 7. 陈水扁 8. 和珅

然后，进行对应一下，第一条就是：爷爷拿枪打日本鬼子，第二条：奶奶用针扎汉奸的屁股，后面的也是一样！大家一起开动脑筋，将剩下的完成吧！

_____, _____

_____, _____

_____, _____

注意：这里《八荣八耻》的记忆，有别于地点桩的记忆！这里利用的是代替！请注意区分！

代替法小结

代替法的运用，需要找出比较符合和贴近原词意思的图像来代替，让你在想到这个图像的时候马上能回忆到原词，所以符合图像的意思才能更好地回忆。如果找出来的图像跟原词的含义差距很远，那么，通过这个图像，你就很难回忆出原来的那个抽象词语。

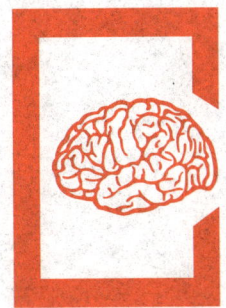

图像记忆第二课作业

一、图像转化练习（只需要转化图像不需要串联）

1.谐音法练习：（音同字不同且带有一定图像的名词词组）

资费——紫肺

注销——竹箫

精彩——金钗

容易——绒衣

简单——煎蛋

祈使——骑士

忽视——护士

乞求——气球

谐音记忆题型

黑色金属：铁、铬、锰

皮肤很黑的铁哥们

具体而单一的，最好！

整体不好转化，就单独分开转化，然后整体组合！

2. 代替法练习：（符合原词意思且带有一定图像的名词词组或物体）

革命——枪炮（刀剑）

包容——妈妈（大海、包子）

广阔——天空（草原）

软弱——毛毛虫（棉花）

光明——太阳（光明牛奶）

敏捷——猴子

未卜先知——诸葛亮

聪明伶俐——一休

3.代替法记忆题型（先找出核心词，然后进行整理联想）

三个有利于判断各方面工作是非得失的标准就是：

是否有利于发展社会主义社会的生产力，

是否有利于增强社会主义国家的综合国力，

是否有利于提高人民的生活水平。

三个戴着怀表的农民，跳上航母，在航母上摔水瓶！

工人用三个梨……

工人 航空母舰 开水瓶

工人用三个梨做成航空母舰来运开水瓶！

二、21~40的数字编码记忆

　　看着图片运用串联联想帮助记忆也可以的，自己边看边联想就可以了。总结每次的经验和不足，不足的在下次想办法进行完善。

第三课
图像展现与联想
——句子练习

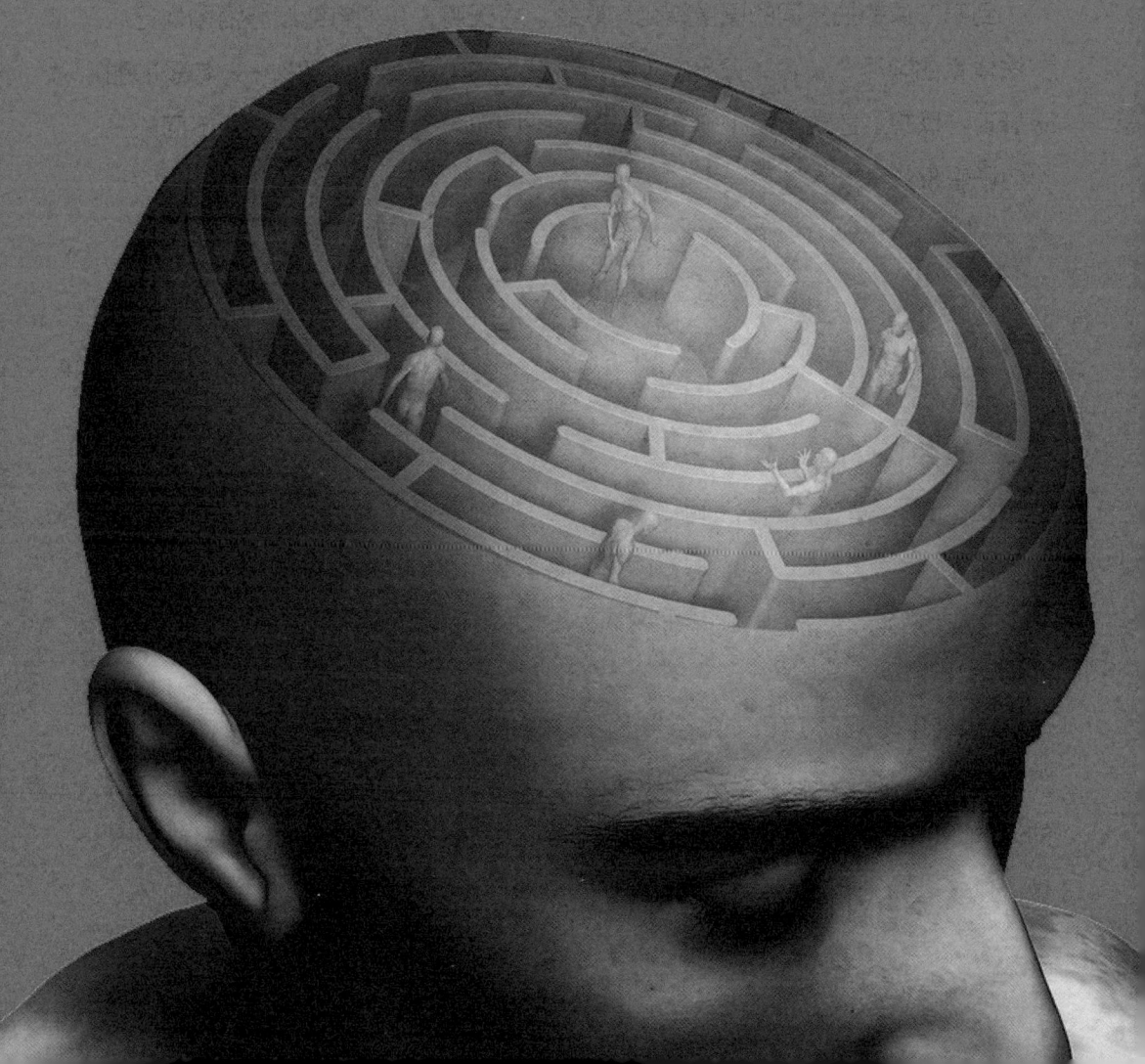

图像展现与联想的尝试 ◀

上了前面的两课，现在对图像记忆有了怎样的一个认识呢？从图像记忆方法体系的角度来说，我们一直在不断地体验和感悟前两个步骤——图像展现和图像联想；从记忆的内容角度，我们从第一课的名词的图像展现与联想初体验，到第二课的抽象词的图像转化与联想。今天呢，我们将继续感悟图像记忆方法体系的前两个步骤，只是在内容上，我们将会提升一个层次——句子的图像展现与联想。还是老规矩，准备一下，按照引导语，咱们先来体验下面的三个句子想象：

目的：想象、体验一个句子整体的画面，然后通过自己想象的画面，将原句内容写出来。

要求：第一遍：眼看着，读一遍（请留意句子中的每一个字的写法，确保没有陌生的字词）；

第二遍：别人读，自己**闭上眼睛**，跟着声音尽情地想像；

第三遍：别人读，自己**闭上眼睛**，跟着声音尽情地想像；

最后，根据自己想象的画面，回忆且写出原句内容。

心理准备：放下自己的那个想要做得好的念头，不要去抢记，铭记：这仅仅只是一个体验过程。你只要保持放松，放飞你的想象，任由你的思绪自然的运作，相信你的大脑，它会自动自发完美地展现出你所听到的任何对应的图像，并产生关联，相信你的大脑，她必将会给你带来意想不到的记忆效果。

好了，下面按照上述三点的引导，对下面的三句分别作想象练习，然后写在后面的划线上：

1. 满天红云，满海金波，红日像一炉沸腾的钢水，喷薄而出，金光 耀眼。

2. 月亮睁大眼睛，和蔼地望着村落和田 野，极像一只擦亮的 铜盘。

3. 晚秋了，太阳懒洋洋地挂在天上，像个老公公露着笑脸在打瞌睡。

第一句三遍后，请根据想象的画面写出原句内容：

_____

_____

第二句三遍后，请根据想象的画面写出原句内容：

_____

_____

第三句三遍后，请根据想象的画面写出原句内容：

_____

_____

　　三句想象完成之后，感觉如何呢？这三句话的画面感比较强，通过自己的想象，是基本可以还原出原来的内容的。唯一可能影响记忆的地方就是一个画面与另一个画面之间的断档。其中可能是一句话内的前后画面的断档，也可能是一句与另一句之间的画面断档。如何才能解决这个问题呢？聪明的你可能已经想到了——提取容易断档的画面中的关键词，形成图像，并进行串联联想。同时，还要有个心理准备：不要去担心自己会记不住，请完全的信任你的大脑，把你听到的内容完全的交给你的大脑去想象，当你们形成默契之后，你的记忆将会极速的提升！不要怕错，一开始在你与你的大脑的磨合期中，出现错误是正常的，而且，如果你留心的话，你还会发现一个现象——你第一次记错的地方，将会是你之后记得最牢的地方。

下面呢，我们来对三句一起来作一个整体的想象，请有感情地朗读一遍，并进行刚刚提到的提取关键词与串联联想，一遍完成之后，请根据自己的想象，将三句一起写在下面的划线上：

第一句，请根据想象的画面写出原句内容：

_____

_____

第二句，请根据想象的画面写出原句内容：

_____

_____

第三句，请根据想象的画面写出原句内容：

_____

_____

三句写完了，感觉有什么困难呢？有哪些地方漏掉了呢？一般三句一起想象，句子与句子之间的联想容易掉档。我们可以将上一句的结尾和下一句的开头，运用对应联想，进行连接！比如：耀眼——月亮：耀眼的月亮；铜盘——晚秋（碗）：铜盘砸碎了一个碗。再比如第二句中的"田野"与"极像"，可以各抽一个字，形成"野鸡"的完整图像。如果像这样进行一个整体的联想之后，感觉记起来会轻松些呢！

如果整个课文是由朋友或者是家长代为阅读，请注意在读的同时要声情并茂，带感情，音调要抑扬顿挫，放松、缓慢、有感情、舒缓、情景强调，如果是自己这样去朗读，在自己的脑子中，也是可以看到比较清晰的图像的！

好了，让我们带着课前句子想象练习的收获，开始咱们今天的课程吧！

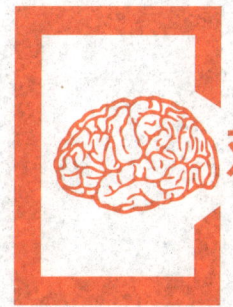 # 对应联想与串联联想的运用

一、对应联想

对应联想法在题型中的运用就是在问题和答案之间直接进行联系，这样在以后见到问题时回想一下联系，就可以将答案想起来了。联结的方式，是在动词的运用基础上融入一点点故事性的联想。

例一：记忆世界地理之最

最长的河流——尼罗河

联想：因为最长的河在流淌的时候，会带走很多的泥和螺（尼罗河）。

最大的群岛——马来群岛

联想：马穿裙子的岛（或者大批量产马奶的岛）

最小的洋——北冰洋

联想：baby 贝比洋

例二：记忆作者和作品名

刘向——《战国策》：刘翔一个人挑战各国车手

刘鹗——《老残游记》：刘饿老馋油鸡(牛饿了，老是想吃油鸡)

韩愈——《马说》：马嘴里含着一块玉

王安石——《忆江南》：一江南孩子往岸上搬石头

张继——枫桥夜泊：枫叶桥上停着一只用糖做的脏公鸡

例三：下列誉称所对应的古代人物

药王：孙思邈（药王的孙子，躲在寺庙里）

诗仙：李白（诗仙喝着用李子泡的白云边）

茶圣：陆羽（茶圣用在路上捡的羽毛泡茶喝）

画圣：吴道子（画圣画了一张道子（吕洞宾）的画像而闻名）

（画圣画了五棵稻子而闻名）

例四：其他的例子

昂纳斯 发现超导现象

维纳斯（昂纳斯）发现自己的身体超级导电。

亨利 发现自感现象

一哼自己就感觉很厉害！

二、串联联想

像下面这些相对比较复杂的记忆资料，往往需要用到故事来进行联结。

例一： 陶渊明的主要著作：《桃花源记》、《归去来辞》、《归园田居》、《饮酒》

（注：用故事进行联结）

陶渊明去桃花源捉乌龟，但是来到后发现没乌龟了，然后叹息："龟去来迟"啊！只好回到田园的田里饮酒去了

例二： 诚实守信，货真价实、买卖公平、服务真诚、顾客满意、环境优雅、创立品牌、发展文化。

1. 小燕子 赵丽蓉（小品：货真价实）天平 奶奶 骨科 花坛 海马标准 孔子

小燕子抢过赵丽蓉手里的天平给奶奶，奶奶到骨科看医生撞到了花坛上的海马，跪倒在孔子面前！

2．小燕子把一箱货卖给甄子丹，甄子丹杀死刺客后优雅地一脚踢到广告牌上站着。

3．文字接龙（首尾相连）

诚实守信，货真价实、买卖公平、服务真诚、顾客满意、环境优雅、创立品牌、发展文化。

信货（星火），实买（实价买卖），平服（平整的衣服），诚客（乘客），意环（衣环），雅创（牙床），牌发（把牌发给别人）

4．简化：趁火埋伏，孤寒窗花

几种方法的对比：——体现出一点：要活学活用！

例三：能发生银镜反应的物质有：

醛、甲酸、甲酸盐、甲酸酯、葡萄糖、麦芽糖——凡含醛基的物质。

全家在一个巨大的银镜上腌制葡萄混合麦芽糖做成拳击屋！

几层的筛选：

1．银镜掉进泉眼喷出一只甲壳虫向燕子吐了一口酸水，燕子气愤地啄葡萄上的麦芽糖，糖上全是鸡屎。

2．全家（燕子、胭脂、腌制）葡萄 麦芽 拳击屋

3．全家拿银镜照燕子吃葡萄上麦芽糖，屁股还在拉鸡屎的样子！

明月指路：

好的想象联结，需要对自己的思路进行不断的调整！

4．全家在一个巨大的银镜上腌制葡萄混合麦芽糖做成拳击屋！

例四：串联练习记忆诗词：

《忆江南》（王安石）

<u>城</u>南城北万株花，池面<u>冰</u>消水见沙。

<u>回首</u>江南<u>春</u>更好，梦为<u>蝴蝶</u>亦还<u>家</u>。

情境想象：

在春天到来之际，主人翁王安石，站在江南的一座城楼上，（想象着他的站姿，手背在后面，捋着胡须）遥看城的南北和北边，南北开满了桃花，花瓣伴着春风飘落到池面的瞬间，池面的冰随即就消逝了，水不见了，花瓣落到了露出了沙；王安石看到这么美好的景象，忍不住站到池子里的沙子上面，回头看着江南的春天更加美好，这个时候他做了一个梦，梦见自己变成一只蝴蝶回家去了！

《秋夕》（杜牧）

银<u>烛</u>秋光冷画屏，轻罗小扇扑<u>流</u>萤。

<u>天阶</u>夜色<u>凉</u>如水，坐<u>看</u>牵牛织女<u>星</u>。

联接点的动作联成一体

秋天，在夕阳西下的时候，杜牧点燃了一支银色的蜡烛（请注意，这里我是将题目也融入进来，进行整体的想象），将蜡烛放到画屏上面，这时从画屏后面走出一位漂亮的宫女，手里还拿着一把青色的小扇，去扑打流动的萤火虫，萤火虫飞到了天阶旁（可以想象着天阶是一排通向天上的楼梯），天阶上流下了凉凉的水，水上坐着另一位宫女，在看着天上的牵牛织女星。

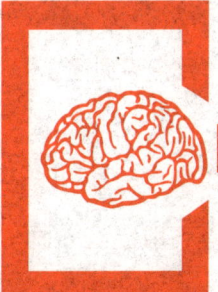# 图像记忆第三课作业

一、对应联想练习

1. 记忆作者和作品名

《训蒙文》——李毓秀

《弟子规》——贾存仁

《江雪》——柳宗元

《登高》——杜甫

《陋室铭》——刘禹锡

参考答案：

韩愈——《马说》：马嘴里含着一块玉。

二、串联联想练习

1.《西江月·夜行黄沙道中》（辛弃疾）

明月别枝惊鹊，清风半夜鸣蝉。

稻花香里说丰年，听取蛙声一片。

七八个星天外，两三点雨山前，

旧时茅店社林边，路转溪头忽见。

西方国家一个道士不幸患重疾，要月球上的喜鹊治病，在路上遇到一只青色的巨蝉，巨蝉叼着一瓶稻花香白酒，

酒瓶瓶口突然跳出一青蛙在乱叫，声音引来了七八个大猩猩，两个猩猩走

到三座大山的前面，大山旁边有一间很旧的茅屋，茅屋后面有一条路，路上有一个狮子，但头不见了。

联接：命运别说知道精确，从青蜂侠半夜命惨，盗画像离开硕丰那年说起，青蜂侠停下取出画，画里青蛙叫的声音一下骗到了七八个星星下来的天外人，天外人两三点钟遇到山田，山田就时髦地用电筒射向竹林边上的路，看见小溪里头有壶和剑。

爷爷辛弃疾顶着黄沙，艰难地行走在西边江面的月亮上，突然，月亮上伸出手形状的树枝，惊飞了一群喜鹊，喜鹊唧唧喳喳地从嘴里报出一股清风，清风吹飞了哇哇乱叫的蝉，吧唧一声，可怜兮兮的蝉掉到了稻田里，稻田里爬满了绿色的呱呱叫的青蛙，青蛙在捕捉七八个害虫星星，星星害怕了，躲到了下着雨的山上，山上有个旧旧的茅草屋在爬，爬啊爬，一不小心掉到小溪里不见了。

2. 能与Na反应的有机物有：醇、酚、羧酸等——凡含羟基的化合物。（是高中化学，大家可以根据需要选择做与不做，也可以找自己专业中类似的来替换！）

三、自己串联记忆41~60熟记

词语练习说明：

如果你在练习的时候，记对了5个，错了10个，

明月指路：

想象的过程就是一个胡思乱想的过程！想象没有固定的模式，因人而异。阅历不同，转化的东西也不同。

所用的时间却不到1分钟，而你给自己的总结是：自己的联想不够生动，不够具体。那很明显，你的总结是不成立的！这就证明你太急了，太过追求自己的速度了。请记住：你现在来学习的是图像展现的能力，是图像联想的能力，所以在练习的时候要注意时间和精力的分配，先将重点的能力提升了，再去提升自己的速度！其实，在你的图像展现与图像联想的能力提升的同时，你记忆词语的速度自然而然的就会提升了！

对于代替法使用的说明：

代替法是可遇而不可求的，在特定的场合，结合自身的经历，对于特定的内容使用代替物才会有效果！所以，这就需要我们在生活中多多地去感悟，去发现！

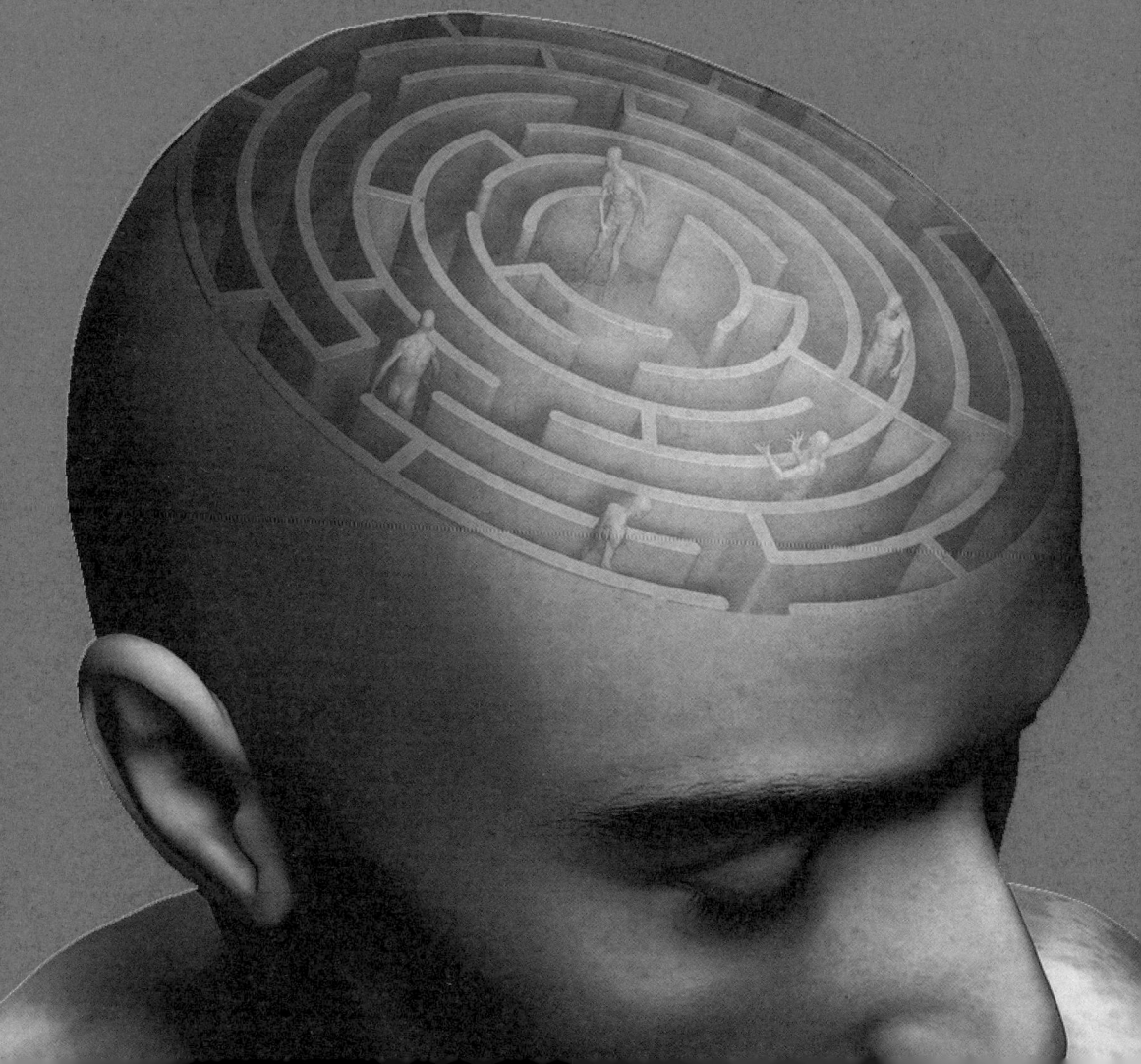

第四课
串联联想记忆文章

串联联想练习

串联联想方法中的前两个步骤，我们已经有了基本的掌握，下面则重在自己使用中感受提升，有些重点将在参考解说中点出。

下面是毛泽东的一首词，内容很精炼，可能很多人现在也还能背得出来。不管如何，咱们现在先来按照图像记忆的方法再来记忆体验一遍，记住：重在方法的体验！

《沁园春·雪》毛泽东

北国风光，千里冰封，万里雪飘。

望长城内外，惟馀莽莽；大河上下，顿失滔滔。

山舞银蛇，原驰蜡象，欲与天公试比高。

须晴日，看红妆素裹，分外妖娆。

江山如此多娇，引无数英雄竞折腰。

惜秦皇汉武，略输文采；唐宗宋祖，稍逊风骚。

一代天骄，成吉思汗，只识弯弓射大雕。

俱往矣，数风流人物，还看今朝。

请将上述八句的关键词提取出来，并根据需要进行图像转化，然后写到下面的划线上：

第1句关键词：_____；

第2句关键词：_____；

第3句关键词：＿＿＿＿＿＿＿＿＿＿＿＿＿＿＿＿＿＿＿＿＿＿＿＿；

第4句关键词：＿＿＿＿＿＿＿＿＿＿＿＿＿＿＿＿＿＿＿＿＿＿＿＿；

第5句关键词：＿＿＿＿＿＿＿＿＿＿＿＿＿＿＿＿＿＿＿＿＿＿＿＿；

第6句关键词：＿＿＿＿＿＿＿＿＿＿＿＿＿＿＿＿＿＿＿＿＿＿＿＿；

第7句关键词：＿＿＿＿＿＿＿＿＿＿＿＿＿＿＿＿＿＿＿＿＿＿＿＿；

第8句关键词：＿＿＿＿＿＿＿＿＿＿＿＿＿＿＿＿＿＿＿＿＿＿＿＿；

找关键词，也是一个记忆过程！

将整理出来的关键词进行整体的联想，形成前后连贯的故事，然后写在下面的划线上：

＿＿＿＿＿＿＿＿＿＿＿＿＿＿＿＿＿＿＿＿＿＿＿＿＿＿＿＿＿＿＿＿＿

＿＿＿＿＿＿＿＿＿＿＿＿＿＿＿＿＿＿＿＿＿＿＿＿＿＿＿＿＿＿＿＿＿

＿＿＿＿＿＿＿＿＿＿＿＿＿＿＿＿＿＿＿＿＿＿＿＿＿＿＿＿＿＿＿＿＿

参考解说：

关键词提取及转化： 北国——哈尔滨；万里 联结 长城；莽莽——蟒蛇；

江山——姜山（或一幅画），输采——蔬菜；俱——拟声词（或橘子）；

串联联想： 哈尔滨的冰，封住了万里长城，万里长城上盘旋而下一条巨大的蟒蛇，张着尖牙的蟒蛇坠入大河里，激起了滔滔巨浪，激起的巨浪拍打着一座山，从山上跳出一条一条的伸着细细舌头的银色的小蛇，小蛇缠住了一只蜡雕成的大象，大象的身上有一条鱼，鱼在和天公比谁更高，天公的高处挂着一个长着胡须的晴日，晴日的上面站着一个穿着红妆的妖怪，这个妖怪飞到了江中间的一座山上面，跳动着妖娆妖媚的舞姿，引来了无数的英雄为她折腰，其中就有秦始皇和汉武帝，可惜他们都输在了没有文采上，接着又来了唐宗宋祖，无奈他们不够风骚，这时一代天之骄子——成吉思汗，拿起一把弓，射向一只大雕，这只大雕"啾"的一声掉了下来，掉到了一个人物身上，而且是今朝的开国元首——我们的毛爷爷身上！

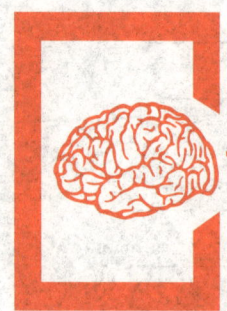

记忆文章段落——关键词联想 ◀

下面是鲁迅的《从百草园到三味书屋》中的一段节选，让我们一起参照着上面的步骤，再来实践体验一下吧！

鲁迅《从百草园到三味书屋》

不必说碧绿的菜畦，光滑的石井栏，高大的皂荚树，紫红的桑椹；也（野）不必说鸣蝉在树叶里长吟，肥胖的黄蜂伏在菜花上，轻捷的叫天子（云雀）忽然从草间直窜向云霄里去了。单是周围的短短的泥墙根一带，就有无限趣味。油蛉在这里低唱，蟋蟀们在这里弹琴。翻开断砖来，有时会遇见蜈蚣；还有斑蝥（俗称的"放屁虫"），倘若用手指按住它的脊梁，便会啪的一声，从后窍喷出一阵烟雾。

请将上述四句的关键词提取出来，并根据需要进行图像转化，然后写到下面的划线上：

第1句关键词：_____；

第1句关键词转化：_____；

第2句关键词：_____；

第2句关键词转化：_____；

第3句关键词：_____；

第3句关键词转化：_____；

第4句关键词：_____；

第4句关键词转化：＿＿＿＿＿＿＿＿＿＿＿＿＿；

　　将整理出来的关键词进行整体的联想，形成前后连贯的故事，然后写在下面的划线上：

＿＿＿＿＿＿＿＿＿＿＿＿＿＿＿＿＿＿＿＿

＿＿＿＿＿＿＿＿＿＿＿＿＿＿＿＿＿＿＿＿

＿＿＿＿＿＿＿＿＿＿＿＿＿＿＿＿＿＿＿＿

＿＿＿＿＿＿＿＿＿＿＿＿＿＿＿＿＿＿＿＿

参考解说：

关键词提取及转化：

串联联想：

　　菜畦里挖了一口石井栏，石井栏里长出一棵皂荚树，皂荚树上结满了桑椹，桑椹上趴着一只只野（也）鸣蝉，野（也）鸣蝉吵怒了黄蜂，黄蜂蜇伤了叫天子（云雀），叫天子穿过草间直窜向云霄。

　　云霄里飘落下一张床单，床单盖住了断（短）泥墙根，泥墙根一带藏满了无限的趣味（味精）。

　　味精里爬出一只浑身是油的油蛉，油蛉撞倒了蟋蟀们。

　　蟋蟀们翻开断砖，断砖底下爬出一只蜈蚣，蜈蚣抓了一只斑蝥（长着毛的手按住脊梁，脊梁插进后窍，后窍喷出烟雾）。

特别说明：

　　一遍的串联，就想将整段的内容一字不落的记住，那肯定是不可能的，一定要多尝试着去回忆和对

明月指路：

关键词是理解与记忆的核心！

比，将脱节的或是记错的地方，提取出来，并将其转化成图像，也融入到这个串联的故事中来，比如：其中的"蟋蟀们"，在回忆的时候，如何忘记了它们在干吗？回顾一下原文，可以将"弹琴"的"琴"提取出来，然后将整体串进去——蟋蟀们用琴将断砖翻开！再比如文中已经涉及的"野鸣蝉"、"断泥墙根"等等，都是我们容易出错的地方。好了，剩下的就请继续认真的来感受这种记忆的乐趣吧，直到你熟记这篇短文、学会这种方法为止！

在感受了上面的方法之后，我想问大家一个问题：学习课文，最关键的是理解，还是记忆？有人说"是理解"，那我问你，理解的核心是什么？有人说"是记忆"，那我问你，记忆的核心又是什么？

都是关键词！！

我们的学习内容基本上都是围绕着关键词来展开的！大家可以想想，对于一段话，如果你抓取了其中的关键词，那这段话的意思，你也就理解了；对于一篇文章，如果你提取了其中的关键词，那这篇文章的意思，你也就理解了！而对于记忆，如果我们针对这些关键词，将这些关键词利用图像记忆的方法，将其串联起来，记忆的效率是不是就更高了呢？下面我们就来进一步的挑战一下整篇的课文理解与记忆，请先整体的有感情的朗读一遍：

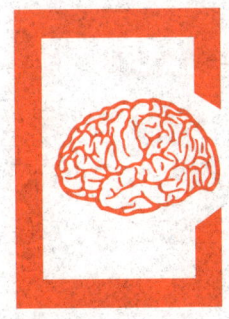

提取与记忆关键词

《莫高窟》

莫高窟不仅有精妙绝伦的彩塑，还有四万五千多平方米宏伟瑰丽的壁画。壁画的内容丰富多彩，有记录佛教故事的，有描绘神佛形象的，有反映民间生活的，还有描摹自然风光的。其中最引人注目的，是那成百上千的飞天。壁画上的飞天，有的臂挎花篮，采摘鲜花；有的怀抱琵琶，轻拨银弦；有的倒悬身子，自天而降；有的彩带飘拂，漫天遨游；有的舒展双臂，翩翩起舞……看着这些精美的壁画，就像是走进了灿烂辉煌的艺术殿堂。

读完之后，请根据自己对文章的理解，先提取出每一句的关键词，然后将所选出的每句的关键词进行分类，整理出文章的结构，并画出导图。如果没有接触过导图，那也没关系，请先参照自己的理解，将关键词选出来，并进行串联联想，分别写在下面的划线上：

_____

_____

_____

_____

_____

_____

_____

对如何提取关键词及按层次去记忆这些关键词的说明：

对于关键词的提取，一般我们是以句子作为单位，然后每句话提取一个关键词。那如何选择关键词呢？首先，要尽量选用名词；其次，就是用能代表这一句的中心的词；再就是你觉得好跟前后关键词联结的词。总体来说，就是对于你个人，能够使你好联想，同时又能提示你回忆文中其他内容的那个词。

用关键词法记忆的时候，那一定是按关键词的层次结构分开来记的。对于一段要记的文字，首先，记住那个最核心的关键词，当你看到这个关键词，你就能基本知道这段话的大体意思；然后，去记住与这个关键词在同一层级上的关键词（对于段落的记忆，其实就是其他每句的关键词）；最后，再去充实每一句关键词的内容，以便辅助记住整句话。

当然，对于关键词的提取，一般人很难去把握的，需要进行不断的练习，在实践中融会的。

万事开头难，咱们先按照自己的感觉，将每句的关键词选出来，然后写在下面的划线上：

_____

_____

_____

_____

_____

_____

将关键词整体串联，写在下面的划线上：

_____

_____

_____

_____

_____

_____

参考解说：

串联联想：

1．先将"莫高窟"、"壁画"、"内容"、"飞天"和"艺术殿堂"，需要图像转化的先进行转化；

2．再将"内容"与故事、神佛、民间和风光串联，"飞天"与花篮、琵琶、倒悬、彩带还有双臂串联；

3．如果仍有脱节的，可以再次的将其提取出来，并融入到整个故事画面中去！

关键词导图：

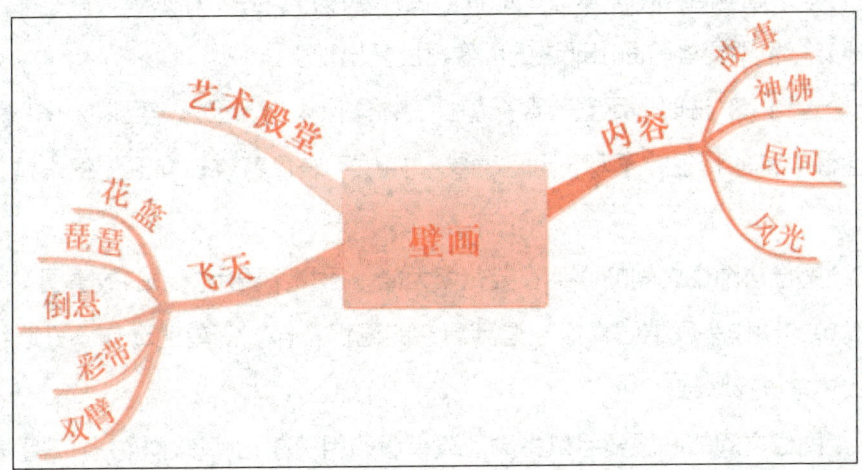

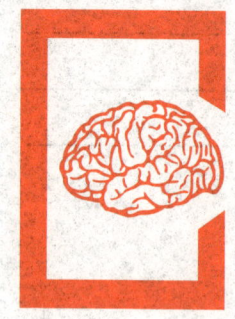

图像联想的注意要点

1. 图像与图像之间的联想，要尽量夸张、生动，尽量不要使用"和"、"在旁边"等联结方式，因为这样会导致两个图像之间缺乏动作、缺乏真正有效的联结。

2. 尽量用主动的动作，而少使用被动语句，因为被动语句的图像跟主动语句的图像是一样的，例如"钥匙被鹦鹉拿着"和"鹦鹉拿着钥匙"图像是一样的。

3. 尽量不要想象某个物体像另一个物体，或某个物体变成另一个物体，因为这样会缺乏动作，而导致两个图像之间的联结不够紧密。如"电冰箱变成风扇"。

4. 一组图像进行串联联想的时候，要注意顺序，要一环扣一环，不要漏掉某个环节，也不要让前面出现过的图像再反复出现。

5. 运用串联法时，尽量不要把静止的物体拟人化，因为一旦拟人化，就会失去图像原来的特征，不利于回忆原文。如"手表拿着玫瑰向卫生纸求婚"，就不妥。

6. 图像与图像之间的联结，要化繁为简，尽量不要用复杂的故事图像，而要用简单的动作来联结图像。当遇到复杂的记忆资料，简单的动作不好联结，再用故事来进行联结。

7. 图像之间的联想要尽量生动活泼。假如用"熊猫牌饮水机"、"手表上有玫瑰花图案"等，熊猫和玫瑰花的生动形象就无法体现出来。

8. 遇到否定句子的时候，要忽略否定的意思，而直接想相应的图像。例如"顿失滔滔"，就应该要想到"河里面巨浪滔天"的图像。

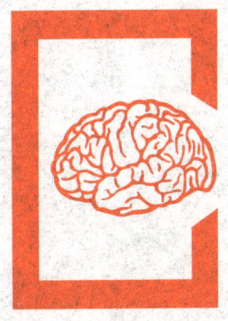

图像记忆第四课作业

一、尝试记忆诗词：

可以任选一首完成！

《玉阶怨》（李白）

玉阶生白露，夜久侵罗袜。

却下水晶帘，玲珑望秋月。

《登高》（杜甫）

风急天高猿啸哀，渚清沙白鸟飞回。

无边落木萧萧下，不尽长江滚滚来。

万里悲秋常作客，百年多病独登台。

艰难苦恨繁霜鬓，潦倒新停浊酒杯。

《沁园春 长沙》（毛泽东）

独立寒秋，湘江北去，橘子洲头。

看万山红遍，层林尽染；

漫江碧透，百舸争流。

鹰击长空，鱼翔浅底，

万类霜天竞自由。

怅寥廓，问苍茫天地，谁主沉浮？

携来百侣曾游，

忆往昔峥嵘岁月稠。

恰同学少年，风华正茂；

书生意气，挥斥方遒。

指点江山，激扬文字，

粪土当年万户侯。

曾记否，到中流击水，浪遏飞舟！

二、利用联想记忆段落内容

用不同颜色标出第一层和第二层关键词，也可以画张导图，再进行联想记忆课文内容。

《丝丝春雨》（石祥）

丝丝春雨，哺育着刚刚苏醒的大地。

种子张开了小嘴儿，品味着乳汁的甜蜜；花苞笑了，饱含着欢乐的泪水；柳条醉了，摇动着纤柔的腰肢；小溪乐了，漾起了笑的涟漪……

春雨是彩色的，染红了桃花，漂白了柳絮，描青了山峰，绘绿了秧畦。

春雨是香甜的，你可闻到稻麦瓜果成熟的气息？

小草说，春雨是仙女撒下的花瓣；蝴蝶说，春雨是天上落下的蜂蜜；我说，是花瓣，也是蜂蜜，更是辛勤的人们流下的汗滴。

《丝丝春雨》

丝丝春雨，哺育着刚刚苏醒的大地。

种子张开了小嘴儿，品味着乳汁的甜蜜；花苞笑了，饱含着快乐的泪水；柳条醉了，摇动着纤柔的腰枝；小溪乐了，漾起了笑的涟漪……

春雨是彩色的，染红了桃花，漂白了柳絮，描青了山峰，绘绿了秧畦。

春雨是香甜的，你可闻到稻麦瓜果成熟的气息？

小草说，春雨是仙女撒下的花瓣；蝴蝶说，春雨是天上落下的蜂蜜；我说，是花瓣，是蜂蜜，更是辛情的人们流下的汗滴。

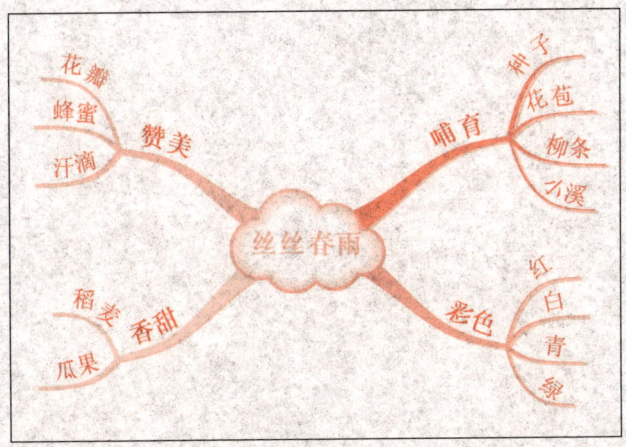

三．记忆数字编码61～80。

自己可以进行串联记忆。

第五课
图像简化、图像定桩

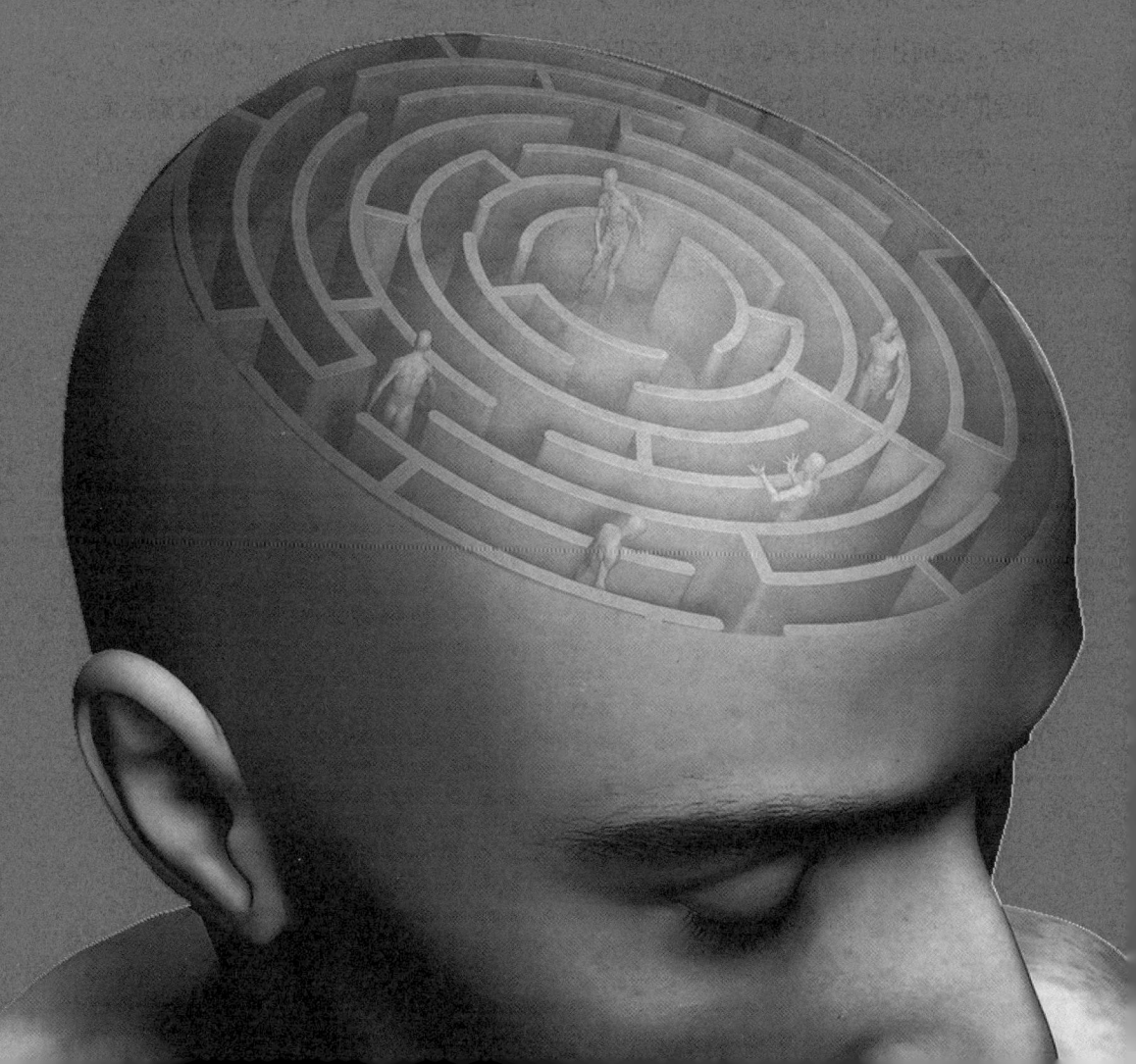

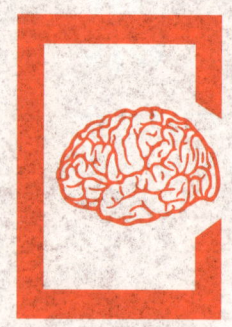

图像简化
——把复杂的图像进行简化

通过前面四课的学习，我们对图像记忆方法的前两步有了比较深刻的学习，今天这堂课，我将带领你进行图像记忆方法的第三步——图像简化以及第四步——图像定桩之身体桩与人物桩的学习。

首先，我们先来学习一下简化法。图像简化法，是一个非常简洁而又实用的方法。之前我们是找关键词，现在我们是要从词中，将其进一步的提炼成字。从图像的角度就是，将之前比较复杂的图像浓缩成简单的图像，将记忆的量减至最少。看完下面图像简化的说明，直接以例一作为参照，你就会很快明白什么是简化法，然后，在后面的几个例题中细细的进一步的去感悟。

图像简化的目的，是把那些相对复杂的记忆资料，进行简化处理，减少记忆量，并运用谐音法来整合成简单易记的句子，让我们能记得更轻松更牢固。简化的方法，通常是从每个记忆词语中抽取一个字，组成一个简单易记并且充满图像感的句子。

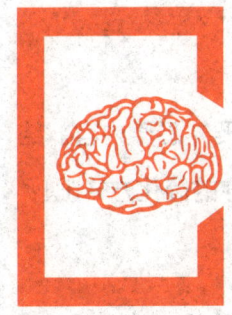

简化法的一般应用

◀

例一：五大经济特区包括：**珠海、汕头、厦门、深圳、海南**

这里是五个地名，但是它们之间没有联系，也没有图像。如果我们按照之前的方法进行记忆，你会怎么做呢？是不是先将五个地名进行分别的图像转化，然后将五个地名用动词或是故事进行联结，最后形成一个整体图像？比如：珠海，提炼出一个"海"，汕头，用"扇子"代替，厦门用"厦门大学"，深圳用"世界之窗"，海南用"椰子"，转化之后，再去进行串联。

如果这样去记忆的话，我感觉比较复杂。在这里，我倾向于用简化法。比如，我从这五个地名中直接提取出五个字：珠、头、厦、深、海，读一下有什么感觉？如果我再将字谐音一下：**猪头下深海**。这下图像感强吗？

当然，你可能会说"哪有那么巧？每个抽出一个字，串一下就直接成这样的图像了？"呵呵，你说的没错，因为这之前花过工夫了，所以知道这样去转化。而且，像这样的五个地方名，顺序也没有特别的要求，所以，我们可以根据需要进行适当的调整。可能你挑出来的字，需要将顺序调整一下才好记，比如"**猪下海，伸头**"，那这个时候你就可以将原来的选出来的字调整一下就可以了。

感觉出来没？简化法就是这么简单。结合这题的感受，尝试着完成下面几题的简化吧！

例二：人格权包括

姓名权、肖像权、名誉权、隐私权

简化句子——＿＿＿＿＿＿＿＿＿＿＿＿＿＿＿＿＿＿＿＿；

提示：用简化法，一个很重要的地方就是——简化之前，要熟悉原内容。结合着课后的参考解说，对照着自己的简化，从中寻找最最适合你的简化方式吧！

参考解说：

简化句子——人格清高的人，常常隐姓消名（或者 行销名师）；

例三：影响气候的主要因素：

1. 海陆分布
2. 洋流
3. 纬度
4. 大气环流
5. 地形

简化句子——＿＿＿＿＿＿＿＿＿＿＿＿＿＿＿＿＿＿＿＿；

参考解说：

简化句子——海洋围大地（或者 伟大的海洋）

说明：我们海马记忆力网站的创始人就是——海洋，张海洋老师哦！

提示：在简化出来之后，一定要再参照着简化出来的图像，比如"海洋围大地"，对原内容尝试着进行图像展现，比如："海洋围大地"中的"海"——"1.海陆分布"，在脑中想象着展现出"大海与陆地的分布情况"；"洋"——"2.洋流"，海洋在流动着，甚至是一只羊掉进急流中了；"围"——"纬"——"纬度"，围裙飞在空气中，渡过了海洋；剩下的也一样，大概的去根据你自己脑中的素材展现一下其中的图像，在回忆的时候，你会更加的快速、准确。再有就是要强调一点：一定要与题目进行联想联结，像这一题中，可以想象一下：海洋包围着大地，因此引起了气候的变化等等！

例四：记忆中日《马关条约》的四项内容：

1. 允许日本在通商口岸开设工厂；

2. 赔偿日本军费白银二亿两；

3. 割辽东半岛、台湾岛、澎湖列岛给日本；

4. 开放沙市、重庆、苏州、杭州为商业城市；

（杀进苏杭）

提示：当需要简化的内容较多的时候，一定要将原内容多读几遍，找出其中的规律，然后尝试着去进行简化联结。

简化句子_____；

参考解说：

简化句子——一厂、二亿、三岛、四城市（或者"厂 钱 割 开"、"厂、银、岛、市"——"畅饮到死"）

可能你会说我们只记住了"一厂、二亿、三岛、四城市"，而其中的三岛、四城市，记不住了，怎么办呢？没事，咱们可以在记住这个简化的基础之上，再去加内容，比如"三岛"，你可以再从三个岛中提取出三个字，再简化成一个图像，如"东台湖"，想象着，三个岛在东台湖那里；再如"四城市"，你可以抽取出几个字，简化成——"杀进苏杭"。简化之后，整体的再去想象一下。

简化的过程，是层层的往里面缩，缩到最小的那个点，比如这题中的"一厂、二亿、三岛、四城

明月指路：

简化的目的是为了"简洁明了"——记的简洁，回忆的直接。

市"，而回忆的过程呢，就是将这个点扩展开，比如这题中的"一厂——允许日本在通商口岸开设工厂"、"二亿——赔偿日本军费白银二亿两"、"三城市——东台湖——割辽东半岛、台湾岛、澎湖列岛给日本"、"四城市——杀进苏杭——开放沙市、重庆、苏州、杭州为商业城市"。

简化往里缩，回忆往外扩。为什么要进行这个过程呢？我们记的时候，通过简化将最终记的内容压缩到最少，这样符合我们记忆的规律，在这样的符合我们记忆规律的情况下，我们会记得更长久，更牢固。你想想，一个简短的内容，你记起来就会快一些，回忆也就越直接。就像一句话，有人让你去传，如果只有五六个字，你一下记下来了，你可以毫不费力地去传给第二个人，可是如果他说出来的是十几二十个字，当你再去传的时候，估计就要犯迷糊了。所以，当我们要记东西的时候，将要记的内容，在能还原回去的基础上，尽可能的简化到最少——这符合我们记忆的规律。而当我们去回忆的时候，就要借由记的时候埋下的一个一个的"钩子"——动作或故事，一点点的往原内容扩充、还原。

例五：1901年与八国联军签订的《辛丑条约》内容：

1. 清政府赔款白银4.5亿两；（前）
2. 要求清政府严禁人民反帝；（进）
3. 允许外国驻兵于中国铁路沿线；（宾）
4. 划定北京东郊民巷为"使馆界"，允许各国驻兵保护。（馆）

简化句—— _____ ；

参考解说：

简化句子——前进宾馆。（我家这边刚好有个"前进宾馆"，所以呢，我就借用了）

说明：第一句涉及到了数字，可以借用我们一直在学习的数字编码45——

师傅（唐僧），整体可以想象着：师傅在"前进宾馆"里签订《辛丑条约》。当然，在简化之后，同时还要在回忆还原原文的同时检验自己串联联想的效果，在一遍遍检验、修复的基础之上，强化自己要记的内容。

例六："好像"的解释：表示对动作或状态的推测和模糊的认识

这题是一个定义，我们日常生活学习中，也是会经常碰到的。读两遍之后，感觉如何呀？感觉晕了没？如果感觉晕了，是不是"或、的、和、的"这四个字让你晕了呀？没事，多读几遍，将关键词提取出来，并划分好层次——动作或状态是一组，推测和模糊，又是一组。注意：刚刚的这个分析的过程，也是记忆过程中的一个必不可少的环节哦。下面尝试着简化一下吧：

简化句子—— _____ ；

参考解说：
简化句子——坐台（作态），护士（糊识），
意境联想——坐台（作态）小姐用腿踢护士（糊识）
或者：大象动态推护士（大象用鼻子边动边推着护士走）
动态推磨人

注意：这题中的关键词不可颠倒顺序哦。

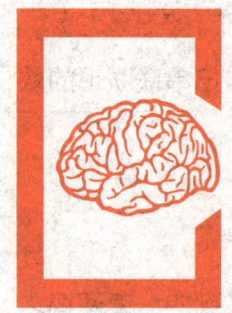

利用图像简化法记诗词

运用简化法来记忆诗词的时候，每句诗词所抽取的字，最好是每句话靠前面的字，第一个字当然最好，但为了让简化出来的句子更容易记忆，所以有时候也可以灵活地选用靠后面的关键字。简化出来的句子仅仅起到提示的作用，帮助我们更好地记住所有的诗句，但前提是要把整句诗多读几遍朗朗上口。

在我们开始用简化法记忆诗词之前，我们先总结一下图像简化的应用原则：

1. 简化的句子要好读易记；

2. 简化的句子要尽可能图像化；

3. 简化的句子，跟要记忆的内容越贴近越好；

4. 简化法的主要作用在于提示，帮助我们回想关键词，所以需要把内容理解了、熟悉了之后再来运用（例如用于记诗的时候就需要先把诗读熟）。

例一：《江雪》—— 柳宗元

千山鸟飞绝，万径人踪灭。

孤舟蓑笠翁，独钓寒江雪。

简化句子——＿＿＿＿＿＿＿＿＿＿＿＿＿＿＿＿＿＿＿＿＿；

参考解说：

简化句子——鸟人孤独（或者 千万孤独）

整体想象——下着雪的江面边上，长着一棵柳树，树上的鸟人（很）孤独！

提示：将诗句与作者名也融入简化后，句子整体想象当中，会更有利于回忆。

明月指路：
对于首尾相联的词，进行整体的图像转化，会大大增加记忆的效率！

例二：《忆江南》—— 王安石
城南城北万株花，池面冰消水见沙。
回首江南春更好，梦为蝴蝶亦还家。

还记得这首诗吗？我们在第三课学习过的。当时我们用的是整体的串联联想，将诗记下的。刚刚我们说了，要记的内容多了，不利于我们回忆。现在我们将要记的内容简化一下，然后借着简化后的内容，结合之前想象的意境，再来整体感受一下记忆的效果。

简化句子—— _____ ；

参考解说：

简化句子——城池回家（或者城池春梦）

整体想象——在春天到来之际，主人翁王安石，站在江南的一座城楼上，（想象着他的站姿，手背在后面，捋着胡须）遥看城的南边和北边，南北开满了桃花，花瓣伴着春风飘落到池面的瞬间，池面的冰随即就消逝了，水不见了，花瓣落到了，露出了沙；王安石看到这么美好的景象，忍不住站到池子里的沙子上面，回头看着江南的春天更加美好，这个时候他做了一个梦，梦见自己变成一只蝴蝶飞回家去了！

再次强调：这里诗中提取的关键字，不要颠倒顺序哦。要不回忆的时候也就颠倒了。

例三：《登高》—— 杜甫

风急天高猿啸哀，渚清沙白鸟飞回。无边落木萧萧下，不尽长江滚滚来。万里悲秋常作客，百年多病独登台。艰难苦恨繁霜鬓，潦倒新停浊酒杯。

简化句子—— _____；

参考解说：

简化句子——风沙落江，万年难停。

整体想象——参照第四课的作业。

例四：《道德经》第四章 挫其锐 解其纷 和其光 同其尘

简化句子—— _____；

参考解说：

简化句子——错解合同

例五：《木兰辞》

东市买骏马，西市买鞍鞯（jian），南市买辔（pei）头，北市买长鞭。

简化句子—— _____；

参考解说：

简化句子——马鞍配鞭

例六：《沁园春·长沙》毛泽东 节选

指点江山，激扬文字，粪土当年万户侯。

简化句子 _____ ；

参考解说：

简化句子——江山激扬 （山羊）

整体想象——书生指着一堆山羊粪说，这是当年万户侯留下来的。

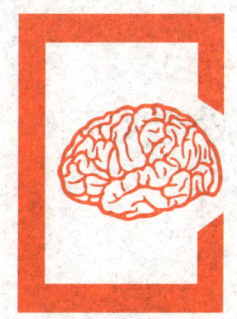

图像记忆第五课作业

一、简化练习：

1. 诗词简化（把简化的文章运用谐音整理后，要与作者和作品名进行整体联想）

枫桥夜泊——（唐）张继

月落乌啼霜满天，江枫渔火对愁眠。

姑苏城外寒山寺，夜半钟声到客船。

枫夜——枫叶，唐——糖，张继——张开嘴的公鸡

满、渔——鳗鱼。姑、夜——姑爷

一只张开大嘴的公鸡啄死了鳗鱼，姑爷就用枫叶裹着的糖粘住了公鸡的嘴。

出塞——（唐）王昌龄

秦时明月汉时关，万里长征人未还。

但使龙城飞将在，不教胡马度阴山。

2. 我国的地理"四大"

四大牧区：内蒙古、新疆、青海、西藏；

四大高原：内蒙古、黄土、云贵、青藏；

四大盆地：塔里木、准噶尔、柴达木、四川；

四大文化古都：西安、北京、洛阳、南京；

四大佛教名山：五台山、九华山、普陀山、峨眉山。

3. 中国建筑的一些细部构建：楼牌，华表，狮子，须弥座，香炉，日晷（gui），嘉量，影壁，碑碣，阙，墓表，五供坐，堆石

二、串联记忆圆周率前50位（用动词进行环环相扣的串联）

1415926535 8979323846 2643383279 5028841971 6939937510

三、预习《弟子规》熟读及体会的意思。

第六课
图像定桩（一）：
身体桩、人物桩、语句桩

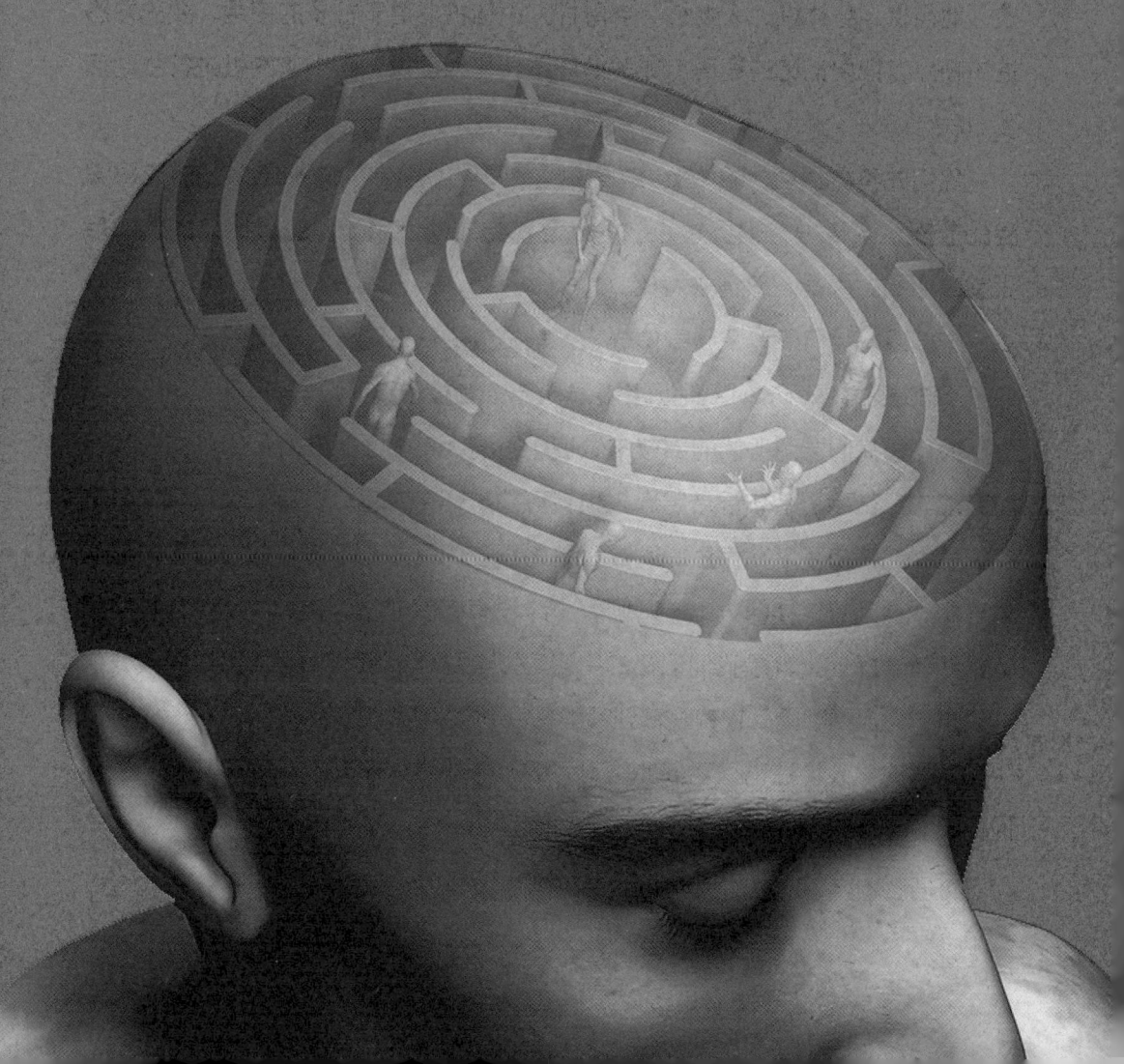

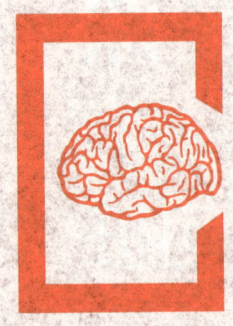

图像定桩

对于要记的内容，我们之前通过简化、串联产生图像进行记忆，在此基础上，如果我们想将要记的内容记得更加清晰、明了，伸手就可以拿到，就得要用到传说当中最好的记忆方法——图像定桩法。定桩法的桩子非常多，有数字桩、地点桩、身体桩、人物桩、字母桩、语句桩。对于桩子的使用，要先熟悉桩的顺序，把要记忆的词语（或关键词）转化为图像，跟相应的桩进行生动活泼的联结。

我们先不要纠缠什么是定桩法，或者如何使用桩子进行记忆。请先跟着我的节奏，亲身去感受具体的桩子以及我是如何使用桩子进行记忆的。然后大家参照我的引导，尽情去发挥。

这节课，我们只涉及到身体桩与人物桩的的认识与使用。深呼一口气，集中一下注意力。好了，让我们开始身体桩与人物桩的学习吧！

为什么我们要用身体的部位来做桩呢？请大家想想，在我们出门的时候，有可能忘记带手机，忘记带钥匙，也有可能忘记带钱包，但有人会将眼睛忘记在家里，或者将手落在家里吗？或者是将自己的耳朵割下来，放在家里，然后再出门，请问有这样的人吗？呵呵，肯定没有，除非是外星人。用身体桩来记忆东西有个好处，就是我们记忆的内容可以与身体桩绑在一起，可以跟着我们一起走，你走到哪里，它就跟着到哪里。

同样的，人物桩也是我们非常熟悉的几个人物，不管在哪里，我们都能随时记起。

下面我们就来认识一下身体桩与人物桩。

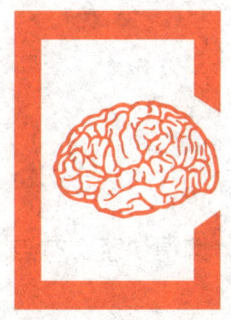

身体桩和人物桩及其运用

12个身体桩：

头发、眼睛、鼻子、嘴巴、耳朵、脖子、

肩膀、手掌、肚子、屁股、膝盖、脚掌

8个人物桩（西游记人物）：

如来佛、观音、太上老君、唐僧、孙悟空、猪八戒、沙僧、白龙马

简单扫描一下这上面的12个身体桩还有8个人物桩，然后，请伸出手来，跟着我，先来将12个身体桩熟悉一下，平时的我们，很多时候都将它们给忽略了。同时请注意，在熟悉的时候，我会用谐音的方法将每一个桩的相对位置给大家带出来，过会儿结束的时候，我会抽背大家，形式如同：第几个是什么？因此，请再次集中自己的注意力！

第一个——头发，请用手抚摸你的头发，如果没有头发就摸你的头皮；

第二个——眼睛，眼睛有两只，所以是第二个；

第三个——鼻子，想象着你有三个鼻孔，你看：左鼻孔，右鼻孔，再画个大圈，就是三个鼻孔；

第四个——嘴巴，撕开嘴巴；

第五个——耳朵，捂住耳朵；

第六个——脖子，扭伤脖子；

第七个——肩膀，老用肩膀挑重物，所以肩膀老受欺负；

第八个——手掌，手掌，又称"巴掌"；

第九个——肚子，啤酒肚；

第十个——屁股；

第十一个——膝盖，两条腿并列着，就像个"11"；

第十二个——脚掌，"婴儿的脚掌"，一二，"婴儿"，读得快了，有点感觉吧？呵呵；

下面是人物桩，选用的是《西游记》中的八个人物，接在后面，组合成一套桩用：

第十三个——如来佛，《西游记》中最强大的一位，想象"医生给如来的手掌打针"；

第十四个——观音，观音给孙悟空带上了紧箍咒，想象"钥匙插在观音手上托着的瓶子上"；

第十五个——太上老君，太上老君的炼丹炉将孙悟空的眼睛炼成了火眼金睛，想象"鹦鹉的爪子抓住太上老君的长白胡须"；

第十六个——唐僧师傅，想象着"唐僧的袈裟上别着很多的衣纽"；

第十七个——孙悟空，想象着"孙悟空一棒子打碎了仪器或者孙悟空从仪器里飞了出来"；

第十八个——猪八戒，猪八，十八，谐音，有点相近，可以靠一下；

第十九个——沙僧，想象着"沙僧挑的筐子里坐着一休"；

第二十个——白龙马，想象着"戴着耳环的白龙马"。

记住了没？有没有将桩子按顺序与对应的数字对上号呀？呵呵，试一下：第10个桩是什么？第13个呢？还有第20个？这样吧，写下来，直接一些：

1. _____ 2. _____ 3. _____ 4. _____ 5. _____ 6. _____

7. _____ 8. _____ 9. _____ 10. _____ 11. _____ 12. _____

13. _____ 14. _____ 15. _____ 16. _____
17. _____ 18. _____ 19. _____ 20. _____

完全对应上了吗？没有问题的话，咱们就来继续下面的课程：

在用桩记忆内容之后，先和你回顾一下这前五课的内容。我想问你一个问题：对于图像记忆，如果让你用两个字来总结它，你会用哪两个字？

想象！

不错，其实，不管我们讲到的要展现图像，还要转化图像，或是应用动作与故事进行联想，联想的生动、夸张等等，这一切的根本就是——想象！

当然，我们也不是毫无规律的去想象。我这里有一些想象的原则给大家：

1. 色彩；

2. 动态；

3. 立体感；

4. 感受；

5. 感情；

6. 有趣、夸张、幽默、荒诞；

对于第一个色彩，在图像想象中，如果将色彩展现出来，那你所展现的图像对你大脑的刺激感会更

强；动态，在图像想象中，尽可能地使图像动起来，如撞、砸、碰、挤等等；什么是立体感呢？就是你想象的图像很鲜活，感觉你好像能看到它一样的（达到这样的效果是最佳的，当然，有些东西你不可能那么的清晰，只能说它在脑中有个大概的图像，大概的轮廓）；第四第五就是感受与感情，为什么要有感受与感情的结合呢？我们日常生活的经历，让你记忆犹新，一辈子不忘的事情，请想想，是不是与你的情感、感受最息息相关的事情？伤心的、痛苦的、高兴的或是幸福的；第六个，也是最关键的元素，有趣、夸张、幽默、荒诞，比如我们去看电影，平淡无奇的生活片会让我们印象深刻，还是那些生动、有趣、夸张、幽默、荒诞无稽的片子让我们印象深刻？是不是后者呢？所以我们在想象的时候一定将这有趣、夸张、幽默、荒诞的元素加进去，从而加强我们的印象，达到深刻记忆的目的。我们的记忆是会产生疲惫感的，人真的是喜欢新鲜和刺激的东西，所以你的想象越新鲜、越刺激、越有意思、越能引起你的专注、越能够引起你的兴趣的东西，越能够让你记得牢！这些方法中，甚至还有恶心的，恐怖的，离奇的，让你觉得不可思议的元素。我们现在生活中的每一样东西都是源于曾经的某一个人的想象，如果你想要发明一个东西，就先要进行想象；任何一个广告创意，也是源于一个想象。所以，我们在想象当中，就要去融入这些元素，甚至是恶心的、恐怖的，也可以是美好的，都可以去融入。

下面，我就带领你来用这些方法来记忆下列的一些词语。需要特别强调的是：在身体桩的应用上面，我邀请大家抛开那些束缚你想象的条条框框，请你尽情地进行你的想象，完成下面的想象练习。

在正式开始之前，给你介绍一下我的一个雅号——恶心派祖师。呵呵，就是因为我的想象可以让你恶心到浑身发麻、颤抖加呕吐。今天要不要领教一下呀？

呵呵，下面就正式开始吧，参照着刚开始的两个想象，完成后面的想象内容：

例一：记忆二十个词语

头发——老鼠：头发上趴着一只白色的老鼠在拉黑黑的屎；

眼睛——飞机：眼睛珠子蹦出来，砸下来一架飞机；

鼻子——卫生纸：_____；

嘴巴——蛋糕：_____；

耳朵——西瓜：_____；

脖子——剪刀：_____；

肩膀——铅笔：_____；

手掌——牛粪：_____；

肚子——跳蚤：_____；

屁股——炸弹：_____；

膝盖——火炉：_____；

脚掌——香蕉皮：_____；

如来佛——马桶：_____；

观音——珍珠：_____；

太上老君——刮胡刀：_____；

唐僧——钱：_____；

孙悟空——天花板：_____；

猪八戒——望远镜：_____；

沙僧——石头：_____；

白龙马——小汽车：_____；

参考解说：

头发——老鼠：头发上趴着一只白色的老鼠在拉黑黑的屎；

眼睛——飞机：眼睛珠子蹦出来，砸下来一架飞机；

鼻子——卫生纸：鼻子里流下的黄黄的清水，滴到卫生纸上；

嘴巴——蛋糕：嘴巴吃蛋糕，

耳朵——西瓜：耳朵里掏出一个一个的西瓜；

脖子——剪刀：脖子上挂着一把剪刀；

肩膀——铅笔：肩膀上插着很多的铅笔；

手掌——牛粪：手掌上捧着一堆牛粪；

肚子——跳蚤：肚子里爬出很多的跳蚤；

屁股——炸弹：我一屁股坐到了一个炸弹上面；

膝盖——火炉：膝盖跪在火炉上；

脚掌——香蕉皮：脚掌夹着一根根的香蕉皮；

如来佛——马桶：如来佛蹲马桶；（天使的由来）

观音——珍珠：观音手上的瓶子里掉出很多的珍珠；

太上老君——刮胡刀：太上老君用刮胡刀刮胡子；

唐僧——钱：唐僧的金箍里放了好多的钱；

孙悟空——天花板：孙悟空撞出天花板，飞了出来；

猪八戒——望远镜：猪八戒的鼻子上挂着一个望远镜；

沙僧——石头：沙僧大胡子里卷着很多的石头；

白龙马——小汽车：白龙马的前蹄架在小汽车的方向盘上；

第一周，我们基本学习了图像记忆的四个步骤：图像展现、图像联想、图像简化。

在第一课，我们通过16个词语的体验，初步了解了图像的展现和图像的联想；

第二课，提到了抽象词语的记忆，其中我们通过"谐音法"和"替代法"两种方法来对抽象词语进行了转化，形成对应的图像，然后再进行整体的串联联想，进行记忆！对于"谐音法"和"替代法"，也可以针对专门的题型，分别进行谐音和替代后的图像或情境记忆（例如：骑猪严寒找围巾、嫁给那美女，心铁嫌钱轻，统共一百金；还有"三个代表"的主要内容及"八荣八耻"的快速记忆）！

在第三课，我们提到了对应联想和串联联想的应用，其中涉及到了诸如记忆作者及对应的一个作品名的对应联想记忆和作者与其一系列的作品名的记忆！记忆一个内容与多个内容的串联联想！还涉及到了记忆外的一种方法：文字接龙！

在第四课，我们进一步的应用串联联想，学习记忆了一小段的词，还有一小段的文章，其中，还涉及到了"关键词"的零星用法，包括"关键词"可以帮助我们了解弄清文章的脉络，结合图像记忆，可以更好地帮助我们的记忆！

在第五天，我们学习了图像简化和图像定桩，在简化法中，我们是在关键词的基础之上，进行更进一步的提炼！之前是词句，现在是字！比如诗词的记忆，在通过关键词的提取、记忆、梳理之后，我们能够对诗词有个整体的脉络把握，然后，再应用简化法，进一步进行提炼单个的字词，再串联成简单的一句有图像、情境的话，在保证记忆效果的前提下，减少了记忆的量！而对于定桩法，我们采用了12个身体桩和8个人物桩，记忆了20个词语，大家可以强烈的感觉到用桩记忆东西的高效快捷！但是，对于一套桩来说，我们每天使用的次数是有严格的限制的，一般只有两次，早晚各一次；而对于与我们更亲近的身体桩来说，我们更是需要"节省"着使用，不要经常拿来做训练用，它比较适合作为及时雨的记忆，因为身体桩记忆东西特别快速，但如果使用太密集了还是容易混淆内容的；对于人物桩，它是可以自己再去扩展的，如：三国、红楼、水浒，包括喜欢看动画可以用动画人物，喜欢打游戏也可以用游戏人物，是可以无限量扩展的！但重点是一定要自己排出顺序，也不要一次找太多，先找个几套备用，其他的可以根据内容当场发挥来找也可以的！

在前面五节课回顾之后，下面我们将继续在使用中来融会这些方法。

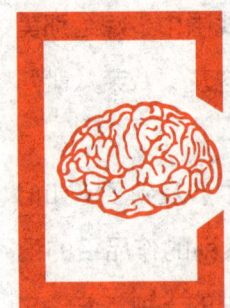

利用身体桩记忆诗词文章 ◀

下面的这篇词，请参照示例，将剩下的前8句（到屁股截止）内容钉到桩子上，剩下的10句（从膝盖开始）我们将作为课后作业：

《念奴娇·赤壁怀古》宋·苏轼

1. 头发——大江东去，

2. 眼睛——浪淘尽、千古风流人物。

3. 鼻子——故垒西边，

4. 嘴巴——人道是、三国周郎赤壁。

5. 耳朵——乱石穿空，

6. 脖子——惊涛拍岸，

7. 肩膀——卷起千堆雪。

8. 手掌——江山如画，

9. 肚子—— 一时多少豪杰。

10. 屁股——遥想公瑾当年，

下面的10句将作为课后作业：

11. 膝盖——小乔初嫁了，

12. 脚掌——雄姿英发，

13. 如来——羽扇纶（guan）巾，

14. 观音——谈笑间，

15. 老君——樯橹灰飞烟灭。

16. 唐僧——故国神游，

17. 悟空——多情应笑我，

18. 八戒——早生华发。

19. 沙僧——人生如梦，

20. 白龙—— 一尊还酹（lei）江月。

例题示范：

头发——大江东去，

关键词提取及转化：东——冬瓜

定桩：头发上系着一个冬瓜；

眼睛——浪淘尽、千古风流人物。

关键词提取及转化：古——鼓

定桩：眼睛里进了沙子，拿到浪里去洗涮；浪的尽头拍打着一千个鼓！

下面请将自己的定桩联想，写在下面的划线上：

3. 鼻子——＿＿＿＿＿＿＿＿＿＿＿＿＿＿＿＿＿＿＿＿＿；

4. 嘴巴——＿＿＿＿＿＿＿＿＿＿＿＿＿＿＿＿＿＿＿＿＿；

5. 耳朵——＿＿＿＿＿＿＿＿＿＿＿＿＿＿＿＿＿＿＿＿＿；

6. 脖子——＿＿＿＿＿＿＿＿＿＿＿＿＿＿＿＿＿＿＿＿＿；

7. 肩膀——＿＿＿＿＿＿＿＿＿＿＿＿＿＿＿＿＿＿＿＿＿；

8. 手掌——＿＿＿＿＿＿＿＿＿＿＿＿＿＿＿＿＿＿＿＿＿；

9. 肚子——＿＿＿＿＿＿＿＿＿＿＿＿＿＿＿＿＿＿＿＿＿；

10. 屁股——＿＿＿＿＿＿＿＿＿＿＿＿＿＿＿＿＿＿＿＿＿；

写完了吗？下面按着你刚刚写联想，回忆一下：从头发到屁股所对应的诗句吧，并写在下面的划线上：

1. ＿＿＿＿＿＿＿＿＿＿＿＿＿＿＿＿＿＿＿＿＿＿＿＿＿；

2. _____；

3. _____；

4. _____；

5. _____；

6. _____；

7. _____；

8. _____；

9. _____；

10. _____；

记忆的效果如何呢？如果有遗漏，那可以参照着我们的参考解说，将诗句的内容与对应的桩进一步的定一下，然后再在空白的纸上写下来，核实一下你的记忆效果如何。注意，请多对比自己之前的联想与我们提供的参考联想，在对比中总结出适合自己的联想方式，并逐步地融入到自己的记忆习惯中！

还有点需要说明的是，在这首词中，我们是已经将词中的内容进行分割了，根据词中的内容意思及记忆难度划成了一句句的，然后，再将我们选择的桩一一的按照顺序进行对应，接着再进行刚刚你进行的记忆过程。对于记忆的内容，将其分割成一句一句合适的记忆块，最后再去定桩记忆，这个过程，也需要认真的你细心去观察口味了哦。

参考解说：

《念奴娇·赤壁怀古》宋·苏轼

头发——大江东去，

关键词提取及转化：东——冬瓜

定桩：头发上系着一个冬瓜；

眼睛——浪淘尽、千古风流人物。

关键词提取及转化：古——鼓

定桩：眼睛里进了沙子，拿到浪里去洗涮；浪的尽头拍打着一千个鼓！

鼻子——故垒西边，

关键词提取及转化：垒——堡垒，西——西瓜；

定桩：把鼻屎扣出来，垒成堡垒，然后在上面放一个西瓜。

嘴巴——人道是、三国周郎赤壁。

关键词提取及转化：是——屎

定桩：嘴巴里道出屎，喷到周郎身上，将周郎喷到赤壁上，口吐白沫而死！

耳朵——乱石穿空，

关键词提取及转化：

定桩：耳朵里的耳屎，夹杂着乱石一起穿向天空；

脖子——惊涛拍岸，

关键词提取及转化：惊涛——波涛

定桩：巨大的波涛拍到岸边，拍到了我的脖子上。

肩膀——卷起千堆雪。

关键词提取及转化：雪——头皮屑

定桩：头皮屑掉到肩膀上，堆起千堆雪（雪多的都可以肩膀堆雪人）。

手掌——江山如画，

关键词提取及转化：

定桩：一巴掌把江山拍成了一幅画。

肚子—— 一时多少豪杰。

关键词提取及转化：时——时钟

定桩：豪杰们都喜欢在肚子上放一个时钟，随时提醒自己做事情。

屁股——遥想公瑾当年，

关键词提取及转化：公瑾——公鸡

定桩：我一屁股坐在地上，想着我家的公鸡是怎样走丢的。

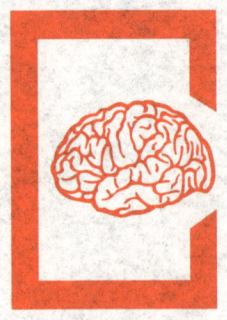

词句桩及运用

什么是词句桩：

所谓词句桩就是在问题中找出核心的关键词或句，用每个字做桩来跟答案进行对应联想和串联联想的一种记忆法。有几项答案就找几个字组成的关键词或句，然后一一对应地进行联想。

（注：定桩联想时可以直接用那个字来进行联想，也可以先组成由图像的词组再来进行联想。）

例一、记忆王安石变法的主要内容

a、保甲法　b、青苗法　c、农田水利法　d、募役法(木椅)

e、方田均税法

这里一共有5个答案，应该在题目中选取一个由5个字组成的句子来作记忆桩子，题目的核心中就有"王安石变法"，刚好五个字，那么就用来做这道题的语句桩就最合适不过了。

联想方法如下：

王——王八抱甲鱼。（保甲法）

安——安居——农民们安居的地方，地里的青苗（青苗法）就长得好。

石——石头——农民们用石头拦成大坝，搞农田水利（农田水利法）建设。

变——政变——发生政变时，国家会通过（募役法）征兵。

法——法官——法官把方田平均分配来缴税。（方田均税法）

例二、综合集群网的卖点：

1）跨网络跨品牌

2）群内通话享受套餐优惠

3）群内短号呼叫方便记忆

请参照例一的引导，将自己所选的词句桩对应这三句话，并进行情境、图像的融合：

提示：集群网不适合作词句桩，因为还有道题的题目是"短号集群网的卖点"，如果用"集群网"作桩的话，会产生混淆。

1. _____;

2. _____;

3. _____;

写好之后，请尝试着进行回忆一下，并将其回忆的内容写在下面的划线上：

1. _____;

2. _____;

3. _____;

记忆的效果如何呢？下面请参照着我们提供的参考解说，对比一下自己选的词句桩及定桩联想，找出针对这方面内容记忆的最适合自己的方法！

参考解说：

综——粽子——粽子是（跨网络跨品牌）去销售的；

合——合群——群内通话享受套餐优惠；（请注意"合"与要记的句子的第一个字"群"直接组成一个整体，然后再融入该句的意思图像进去）

集——集团——群内短号呼叫方便记忆；（可以想象着：集团内的一群人用短号在那里吃方便面）

提示：如果大家感兴趣，可以尝试着用"综合"、"集群"、"网"，三个词来作桩进行联想；

例三、记忆[财经法规]的法律责任

财政部门及有关行政部门的工作人员滥用职权、玩忽职守、徇私舞弊以及泄露国家秘密、商业秘密的行为：

1. 对玩忽职守罪，处3年以下有期徒刑或拘役；情节特别严重的处3年到7年的有期徒刑。

2. 对徇私舞弊罪，处5年以下有期徒刑或拘役；情节特别严重的，处5年以上10年以下有期徒刑。

3. 对泄露国家秘密罪，处3年以下有期徒刑或拘役；情节特别严重的，处3年以上7年以下有期徒刑。

读完一遍这题的内容，你有何感觉呢？乱？无从下手？头疼？呵呵，别那么早的下结论，让我们静下心来，再读一遍，细心审一下这道题，看一下它有何特点，然后回到这里继续下面的内容。

再读完一遍上面的内容，有何发现没？不错，有好几句是重复的，看上去感觉好像有点乱乱的感觉。先别急，呵呵，重复了让我们感觉到乱，但是同时，重复了也会减少我们的记忆量。你说呢？

下面我们再来细细的找一下这三句的规律，先来看第一句：主要是针对"玩忽职守"的，还有就是数字3、4、7，比较抽象，不太好记；其他的内容读几遍熟悉一下，记住应该没什么大问题。

对于这题，我选用的词句桩是"财""经""法"，如果是专门学这个专业的人可能会感觉到这三个词的选择比较范，但这里我们只是作为例题方法的解讲，如果你感兴趣，也可以在了解了方法之后，重新选择，进一步深化这题的记忆。

第一句的参考记忆如下：

财——财主——财主往虎（玩忽）耳朵（3）里插拐杖（7）；

下面两句请参照第一句的方法，自己完成，然后参照答案进行方法的对比

感悟：

经——＿＿ ＿＿ ＿＿＿＿＿＿＿＿＿＿＿＿＿＿＿＿＿＿＿＿＿＿＿；

法——＿＿ ＿ ＿＿＿＿＿＿＿＿＿＿＿＿＿＿＿＿＿＿＿＿＿＿＿；

参考解说：

经——经理——经理熏死（徇私）钩子（5）上的蛇（10）；

法——法官——法官携米（泄密）去喂山鸡（3、7）。

例四：需用温度计的实验有：

（1）实验室制乙烯（170℃）

（2）蒸馏

（3）固体溶解度的测定

（4）乙酸乙酯的水解（70－80℃）

（5）中和热的测定

（6）制硝基苯（50－60℃）

参照前面的例题，结合自己的理解，再来试一下这道题的记忆吧，相信你仍然还会有收获的：

（1）＿＿ ＿＿ ＿＿ ＿＿＿＿＿＿＿＿＿＿＿＿＿＿＿＿＿＿＿；

（2）＿＿ ＿＿ ＿＿ ＿＿＿＿＿＿＿＿＿＿＿＿＿＿＿＿＿＿＿；

（3）＿＿ ＿＿ ＿＿＿＿＿＿＿＿＿＿＿＿＿＿＿＿＿＿＿＿＿＿；

（4）＿＿ ＿＿ ＿＿＿＿＿＿＿＿＿＿＿＿＿＿＿＿＿＿＿＿＿＿；

（5）＿＿ ＿＿ ＿＿＿＿＿＿＿＿＿＿＿＿＿＿＿＿＿＿＿＿＿＿；

（6）＿＿ ＿＿ ＿＿＿＿＿＿＿＿＿＿＿＿＿＿＿＿＿＿＿＿＿＿；

整理好了之后，再来尝试着回忆一下吧，写下来才是记忆成效最有力的证明，呵呵：

（1）　　　　　　　　　　　　　　　　　　　　　　；
（2）　　　　　　　　　　　　　　　　　　　　　　；
（3）　　　　　　　　　　　　　　　　　　　　　　；
（4）　　　　　　　　　　　　　　　　　　　　　　；
（5）　　　　　　　　　　　　　　　　　　　　　　；
（6）　　　　　　　　　　　　　　　　　　　　　　；

记忆的效果如何呢？值得提醒的是：对于桩的选取，尽量选用容易成像或者容易与整体形成图像的词，在这里，可能有人会将"温度计的实验"设置成桩，细看一下其中的"的"，自身不容易成像，而且与要记的内容也不好成像，这种情况，我们在刚开始确定桩的时候就要考虑到的哦！其他的情况，就先来看看本书提供的参考解说吧！

参考解说：

用——用试管——用试管制乙烯放到仪器(17)上做成蛋（0）。

（注意：桩"用"与"试管"形成整体图像）

温——温水——温水蒸馏

度——肚子——肚子上长出古榕树。（或在肚子上做固体溶解度的测试）

（溶解度——古榕树）

计——鸡肉——鸡肉上淋上蒜汁水给麒麟(70)吃了后，麒麟发疯地飞上铁塔(80)。

实——时钟——时钟发热后放到车顶（桩"实"与要记的内容中第一个字"中"联合成像！

验——腌制——腌制小鸡要用苯。（桩"验"与"制"，"硝基"——小鸡）

说明：这里是一道化学题，是理科的内容，对逻辑整理能力有更高的要求，需要静下心来，先理解其中的内容，然后再运用咱们的图像记忆方法进行联想！多多对比自己的联想与这里提供的参考，从中找出真正属于自己的记忆模式。

例五：滁州西涧——（唐）韦应物

独怜幽草涧边生，上有黄鹂深树鸣。

春潮带雨晚来急，野渡无人舟自横。

这里是一首诗的记忆，之前我们尝试过了提取关键词然后串联关键词来记忆，还有使用过简化法，今天我们也尝试着用这词句桩来试一下吧：

（1）　——　＿＿＿＿＿＿＿＿＿＿＿＿＿＿＿＿＿＿＿；

（2）　——　＿＿＿＿＿＿＿＿＿＿＿＿＿＿＿＿＿＿＿；

（3）　——　＿＿＿＿＿＿＿＿＿＿＿＿＿＿＿＿＿＿＿；

（4）　——　＿＿＿＿＿＿＿＿＿＿＿＿＿＿＿＿＿＿＿；

下面接着来检验一下自己的记忆成果吧：

（1）＿＿＿＿＿＿＿＿＿＿＿＿＿＿＿＿＿＿＿＿＿＿＿＿＿；

（2）＿＿＿＿＿＿＿＿＿＿＿＿＿＿＿＿＿＿＿＿＿＿＿＿＿；

（3）＿＿＿＿＿＿＿＿＿＿＿＿＿＿＿＿＿＿＿＿＿＿＿＿＿；

（4）＿＿＿＿＿＿＿＿＿＿＿＿＿＿＿＿＿＿＿＿＿＿＿＿＿；

这种方法记忆的效果如何？对比一下参考解说，看看能不能从中再找到点新的灵感吧！

参考解说：

滁——锄头——一锄头挖掉那棵毒莲，扔在草间生长。

州——粥——粥上黄鹂飞到树上鸣叫。

西——溪——溪边春雨急

涧——间谍——间谍抓了一只野兔（野渡）放在无人的舟上自己横躺着。

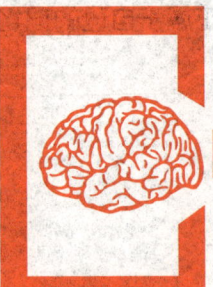 # 图像记忆第六课作业 ◀

一、完成《念奴娇·赤壁怀古》后半部分

膝盖——小乔初嫁了，

脚掌——雄姿英发，

如来——羽扇纶（guān）巾，

观音——谈笑间，

老君——樯橹灰飞烟灭。

唐僧——故国神游，

悟空——多情应笑我，

八戒——早生华发。

沙僧——人生如梦，

白龙—— 一尊还酹（lèi）江月。

二、身体桩人物桩练习：记忆20个词语

洗衣粉、酱油、胡萝卜、香水、枕头、电池、手表、鞋子、书包、电视机、灯泡、电脑、球拍、雪糕、咖啡、牙签、冰箱、篮球、别墅、围裙

三、语句桩练习：

1. 动态生产数据有日产液量、日产油量、含水率、日注水平、动液面深度、注采比等（一共6个答案，选择6个字的语句，每一个字对应一个答案，能直接联想就直接联想，不能就先组词再联想）

2．需水浴加热的反应有：

（1）银镜反应

（2）乙酸乙酯的水解

（3）苯的硝化

（4）糖的水解

（5）酚醛树脂的制取

（6）固体溶解度的测定

3．语句桩记诗词：（可以用这首诗，也可以找一首自己想记忆的诗来做。）

《饮湖上初晴后雨》——（宋）苏轼

水光潋滟晴方好，山色空蒙雨亦奇。

欲把西湖比西子，淡妆浓抹总相宜。

五、预习《弟子规》第一篇（熟读几遍，理解大概意思）

（题目可以根据自己的专业选择来做，时间比较少的学员也可以自行选择性的完成一部分，没有专业时间比较充足的就尽量全部完成。如果自己可以找到类似的专业内容也可以用自己专业内容来替换掉作业中的题目。）

记住上等学子就是要经得住老师的折磨哦！

作业点评

对于人物桩的使用，要抓住人物图像的最大特征，比如红太狼，随时随地的都可以拿出一个平底锅，然后扔出去，那这个就是她的最大特征，再比如太上老君，他有一个最大特征就是炼丹炉，在记忆"老君——樯橹灰飞烟灭"的时候，其中的"樯橹"可以想象成"强盗"，整合起来可以是"老君的炼丹炉将强盗烧得灰飞烟灭了"。还有灰太狼，他的脸上有一道疤，抓羊老是抓不着，那这就是他的最大特征。多多地应用图像桩的最大特征，会让我们回忆的时候更加的容易。

对于利用桩记忆诗词的时候，好多人感觉定桩联结时的夸张、恶搞等方式会破坏诗词的原来意境，没有问题，你可以通过自己对诗词意境的理解，然后稍加联想成像去记忆。只在比较抽象的地方，去稍微地运用一下夸张。当然，我在用恶搞、夸张的方式来记忆《念奴娇·赤壁怀古》的时候，没有这样的感觉，我在回忆的时候，对于词中的意境展现也很不错的。这只是我的学习感受，你也可以去尝试。

第七课

图像定桩（二）：
数字桩、地点桩

前面的课我们分别学习了身体桩、人物桩还有词句桩，相信你对桩的使用已经有了一定的理解，今天的课程，我们将继续来学习另外两种桩的使用——数字桩和地点桩。

数字桩及运用

下面的36计，请参照之前的定桩联想，结合自己的想象，将要记的内容对应地定桩到前面的数字编码上：

倒背如流36计

1 —— 树 —— 瞒天过海

　　定桩联想：＿＿＿＿＿＿＿＿＿＿＿＿＿＿＿＿；

2 —— 鸭子 —— 围魏救赵

　　定桩联想：＿＿＿＿＿＿＿＿＿＿＿＿＿＿＿＿；

3 —— 耳朵 —— 借刀杀人

　　定桩联想：＿＿＿＿＿＿＿＿＿＿＿＿＿＿＿＿；

4 —— 红旗 —— 以逸待劳

　　定桩联想：＿＿＿＿＿＿＿＿＿＿＿＿＿＿＿＿；

5 —— 勾子 —— 趁火打劫

　　定桩联想：＿＿＿＿＿＿＿＿＿＿＿＿＿＿＿＿；

6 —— 勺子 —— 声东击西

定桩联想：＿＿＿＿＿＿＿＿＿＿＿＿＿＿＿；

7 —— 拐杖 —— 无中生有

定桩联想：＿＿＿＿＿＿＿＿＿＿＿＿＿＿＿；

8 —— 葫芦 —— 暗度陈仓

定桩联想：＿＿＿＿＿＿＿＿＿＿＿＿＿＿＿；

9 —— 球拍 —— 隔岸观火

定桩联想：＿＿＿＿＿＿＿＿＿＿＿＿＿＿＿；

10 —— 蛇（棒球）—— 笑里藏刀

定桩联想：＿＿＿＿＿＿＿＿＿＿＿＿＿＿＿；

11 —— 筷子 —— 李代桃僵

定桩联想：＿＿＿＿＿＿＿＿＿＿＿＿＿＿＿；

12 —— 婴儿 —— 顺手牵羊

定桩联想：＿＿＿＿＿＿＿＿＿＿＿＿＿＿＿；

13 —— 医生 —— 打草惊蛇

定桩联想：＿＿＿＿＿＿＿＿＿＿＿＿＿＿＿；

14 —— 钥匙 —— 借尸还魂

定桩联想：＿＿＿＿＿＿＿＿＿＿＿＿＿＿＿；

15 —— 鹦鹉 —— 调虎离山

定桩联想：＿＿＿＿＿＿＿＿＿＿＿＿＿＿＿；

16 —— 杨柳 —— 欲擒故纵

定桩联想：＿＿＿＿＿＿＿＿＿＿＿＿＿＿＿；

17 —— 荔枝 —— 抛砖引玉

定桩联想：＿＿＿＿＿＿＿＿＿＿＿＿＿＿＿；

18 —— 篱笆 —— 擒贼擒王

定桩联想：＿＿＿＿＿＿＿＿＿＿＿＿＿＿＿；

19 —— 泥鳅 —— 釜底抽薪

定桩联想：_____；

20 —— 耳环 —— 浑水摸鱼

定桩联想：_____；

21 —— 鳄鱼 —— 金蝉脱壳

定桩联想：_____；

22 —— 鸳鸯 —— 关门捉贼

定桩联想：_____；

23 —— 和尚 —— 远交近攻

定桩联想：_____；

24 —— 盒子 —— 假道伐虢

定桩联想：_____；

25 —— 二胡 —— 偷梁换柱

定桩联想：_____；

26 —— 河流 —— 指桑骂槐

定桩联想：_____；

27 —— 耳机 —— 假痴不癫

定桩联想：_____；

28 —— 荷花 —— 上屋抽梯

定桩联想：_____；

29 —— 阿胶 —— 树上开花

定桩联想：_____；

30 —— 森林 —— 反客为主

定桩联想：_____；

31 —— 鲨鱼 —— 美人计

定桩联想：_____；

32 —— 仙鹤 —— 空城计

定桩联想：_____；

33 —— 仙丹 —— 反间计

    定桩联想：＿＿＿＿＿＿＿＿＿＿＿＿＿＿＿＿＿＿；

34 —— 绅士 —— 苦肉计

    定桩联想：＿＿＿＿＿＿＿＿＿＿＿＿＿＿＿＿＿＿；

35 —— 珊蝴 —— 连环计

    定桩联想：＿＿＿＿＿＿＿＿＿＿＿＿＿＿＿＿＿＿；

36 —— 山鹿 —— 走为上计

    定桩联想：＿＿＿＿＿＿＿＿＿＿＿＿＿＿＿＿＿＿；

上面的内容编好之后，尝试着回忆一遍，然后就来检验一下你的记忆效果吧：

1. ＿＿＿＿＿＿＿＿＿＿＿；　2. ＿＿＿＿＿＿＿＿＿＿＿；

3. ＿＿＿＿＿＿＿＿＿＿＿；　4. ＿＿＿＿＿＿＿＿＿＿＿；

5. ＿＿＿＿＿＿＿＿＿＿＿；　6. ＿＿＿＿＿＿＿＿＿＿＿；

7. ＿＿＿＿＿＿＿＿＿＿＿；　8. ＿＿＿＿＿＿＿＿＿＿＿；

9. ＿＿＿＿＿＿＿＿＿＿＿；　10. ＿＿＿＿＿＿＿＿＿＿＿；

11. ＿＿＿＿＿＿＿＿＿＿＿；　12. ＿＿＿＿＿＿＿＿＿＿＿；

13. ＿＿＿＿＿＿＿＿＿＿＿；　14. ＿＿＿＿＿＿＿＿＿＿＿；

15. ＿＿＿＿＿＿＿＿＿＿＿；　16. ＿＿＿＿＿＿＿＿＿＿＿；

17. ＿＿＿＿＿＿＿＿＿＿＿；　18. ＿＿＿＿＿＿＿＿＿＿＿；

19. ＿＿＿＿＿＿＿＿＿＿＿；　20. ＿＿＿＿＿＿＿＿＿＿＿；

21. ＿＿＿＿＿＿＿＿＿＿＿；　22. ＿＿＿＿＿＿＿＿＿＿＿；

23. ＿＿＿＿＿＿＿＿＿＿＿；　24. ＿＿＿＿＿＿＿＿＿＿＿；

25. ＿＿＿＿＿＿＿＿＿＿＿；　26. ＿＿＿＿＿＿＿＿＿＿＿；

27. ＿＿＿＿＿＿＿＿＿＿＿；　28. ＿＿＿＿＿＿＿＿＿＿＿；

29. ＿＿＿＿＿＿＿＿＿＿＿；　30. ＿＿＿＿＿＿＿＿＿＿＿；

31. ＿＿＿＿＿＿＿＿＿＿＿；　32. ＿＿＿＿＿＿＿＿＿＿＿；

33. ＿＿＿＿＿＿＿＿＿＿＿；　34. ＿＿＿＿＿＿＿＿＿＿＿；

35. _____；36. _____；

数字桩使用的感觉如何呀？好记吧！因为数字桩已经将顺序都排列好了，我们只将要记的内容直接与每个数字桩的图像进行联结就好了！对于数字桩来说，唯一感觉不足的就是，它只有110（见附录）个，所以呢，我们也得要省着点用！数字桩与身体桩、人物桩还有词句桩的使用是一样的，就是需要将当下记忆的内容记熟了再去记忆另外的。当然，对于不同类型的记忆资料，也可以一起去使用，比如今天我们记忆了《36计》的内容，明天我们将利用数字桩去记忆《弟子规》，这两者的内容是完全不同的。

或许，你可能会想要去拓展数字编码的数量，当然，你可以去尝试，我个人倾向于将这110个数字编码用熟用透！

参考解说：

倒背如流36计

1——树——瞒天过海

躺进树洞里，瞒着天过了海；

2——鸭子——围魏救赵

鸭子围着围巾去救赵薇；

3——耳朵——借刀杀人

耳朵里拔出一把剪刀杀了全城的人

4——红旗——以逸待劳

红旗插在猪鼻子里；（代替法：以逸待劳——猪；在八荣八耻里提过）

5——勾子——趁火打劫

拿着勾子在成伙打劫

6——勺子——声东击西

用勺子（咚咚）的敲着（西瓜）（或者伸进东（左）耳朵挖西耳朵（右）的耳屎）

7 —— 拐杖 —— 无中生有

　　拿着拐杖在雾里神游

8 —— 葫芦 —— 暗度陈仓

　　葫芦娃偷偷地度过了陈旧的粮仓

9 —— 球拍 —— 隔岸观火

　　用球拍将火拍到对岸，自己抱着球拍观看

10 —— 蛇（棒球）—— 笑里藏刀

　　蛇冷笑着吐出一把刀

11 —— 筷子 —— 李代桃僵

　　一支筷子插着李子，另一支筷子插着桃子

12 —— 婴儿 —— 顺手牵羊

　　婴儿到邻居家去玩，顺手把邻居的羊牵走了

13 —— 医生 —— 打草惊蛇

　　医生去摘草药，惊动了蛇

14 —— 钥匙 —— 借尸还魂

　　用钥匙打开太平间，借个尸体来还魂

15 —— 鹦鹉 —— 调虎离山

　　鹦鹉叼着老虎离开了山

16 —— 杨柳 —— 欲擒故纵

　　我用杨柳枝绑住了敌人，然后偷偷把他放跑了

17 —— 荔枝 —— 抛砖引玉

　　我把荔枝抛了出去，结果引来了一块玉

18 —— 篱笆 —— 擒贼擒王

　　用篱笆把贼围住，然后把他们的头领抓住了

19 —— 泥鳅 —— 釜底抽薪

　　妈妈煮泥鳅的时候，我把锅底的柴火抽走了

20 —— 耳环 —— 浑水摸鱼

我的耳环掉进水里了，我摸啊摸，结果摸到了一条鱼

21 —— 鳄鱼 —— 金蝉脱壳

鳄鱼一口咬住了金蝉，但是金蝉把壳一脱就跑掉了

22 —— 鸳鸯 —— 关门捉贼

我听到屋里有动静，于是关上门，结果抓住了一对鸳鸯

23 —— 和尚 —— 远交近攻

和尚到远方化缘的时候就喜欢交朋友，在附近的山头就互相攻打

24 —— 盒子 —— 假道伐虢

我拿着一盒子的首饰嫁到法国（"假道伐虢"的谐音）

25 —— 二胡 —— 偷梁换柱

我把二胡的梁偷偷地换成了一根坏的柱子。

26 —— 河流 —— 指桑骂槐

我站在河流里，指着桑树骂槐树

27 —— 耳机 —— 假痴不癫

戴上耳机，装着什么都听不见，假痴不癫的

28 —— 荷花 —— 上屋抽梯

趁着他爬上屋顶种荷花的时候，我把他的梯子抽走了，让他下不来

29 —— 阿胶 —— 树上开花

树上开了许多阿胶花

30 —— 森林 —— 反客为主

人类进了森林之后，就反客为主，把动物们都赶跑了

31 —— 鲨鱼 —— 美人计

鲨鱼向一个美人游了过去，美人回头一笑，鲨鱼立刻晕倒了

32 —— 仙鹤 —— 空城计

诸葛亮驾着仙鹤，安排了一个空城计

33 —— 仙丹 —— 反间计

我用一颗仙丹收买了敌人的间谍，用了一个反间计

34 —— 绅士 —— 苦肉计

绅士追女孩的时候，往往喜欢用苦肉计

35 —— 珊蝴 —— 连环计

海里的珊瑚，都是一环连着一环的

36 —— 山鹿 —— 走为上计

我所有的招数都用了，没效果，最后只有骑上山鹿走为上了

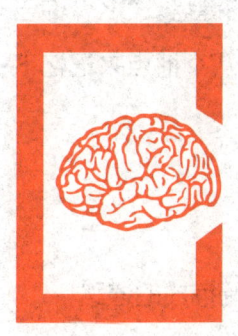

地点桩及运用

地点桩，顾名思义——使用地点作为桩。下面是我家里的八个地点，也是我们接下来要熟悉的地点桩，咱们先来读一遍：

1. 衣柜 2. 床 3. 椅子 4. 桌子 5. 电脑显示器 6. 键盘 7. 鼠标 8. 主机

可能你会产生疑问：怎么地点桩都是物体呀？对的，其实所谓的地点桩就是指的将物体作为桩，我们生活中的所有物体都可以作为地点桩。为什么是地点桩呢？因为它是你生活的点，也是你回忆的点，所以，它就叫做地点桩。

好啦，下面我将带领你到我家参观一下，利用你的想象到湖北武汉我的家里来参观一下。先站到我家房门的门口（2楼），准备好啊，打开门，首先映入眼帘的是左手边的一张四开门的白色大衣柜，上面顶着天花板，下面落在地下，衣柜前面摆着的是一张双人床，米色的，2米宽的，在床的左边是一把椅子，坐在我的屁股底下的，大红色、皮面的靠背椅，第四个就是我当下扒着的

111

白色的桌子，第五个是桌子上放着的平面电脑显示器，可以想象着电脑显示器挂在钩子上面，第六个是电脑显示器前面的银色键盘，第七个是键盘旁边的鼠标，鼠标的两个键黑白相间，第八个是鼠标旁边的黑色主机。OK，介绍完毕！

感觉如何呢？是不是和你家里的摆设相似呢？这样大家比较容易想象。现在，我们再来回顾一下，第一个是衣柜，可以想象衣柜上面有棵树；第二个是床，可以想象一张鸭子形状的床，或者床上有只鸭子；第三个是长着一对耳朵的椅子；第四个是插着一个红旗的桌子，可以想象桌子上面插着一排的红旗；第五个是挂在钩子上的电脑显示器；第六个是键盘，啊，用勺子敲键盘；第七个，鼠标，拐杖插进鼠标里；第八个主机，主机上面挂着一个大大的葫芦。

请问第三个是什么？不错，椅子。第六个？勺子敲打着的键盘。OK，你已经很好的知道了我家里的几个地点，下面呢，我们就将用这八个地点来记忆下面的《道德经》第一章的内容，先来读一遍吧：

例一：记忆《道德经》第一章

道可道，非常道。——　衣柜（道士，肥肠）道路，肥肠铺成的道路

名可名，非常名。——　双人床（床上躺着明月老师，她非常有名）

无，名天地之始。（盘古）——　椅子（蜈蚣，雾，乌鸦，屎）

有，名万物之母。（女娲）——　桌子（柚子）

故常无欲，以观其妙。——　显示器（故障，无语，奇妙）

常有欲，以观其徼。——　键盘（脚）

此两者，同出而异名，——　鼠标（左右键不同名）

同谓之玄，玄之又玄，众妙之门。——　主机（铜胃，旋转）

还是跟其他桩的用法一样，将已经划分好的要记的内容定到我们刚刚记忆的对应的桩子上面，参照第一句，剩下的自己联结：

衣柜——道可道，非常道。——　<u>打开衣柜，看见一个道士站在肥肠铺成的道路上；</u>

双人床——名可名，非常名。——　_____

椅子——无，名天地之始。——＿＿＿＿＿＿＿＿＿＿

＿＿＿＿＿＿＿＿＿＿＿＿＿＿＿＿＿＿＿＿＿＿＿＿＿＿

桌子——有，名万物之母。——＿＿＿＿＿＿＿＿＿＿

＿＿＿＿＿＿＿＿＿＿＿＿＿＿＿＿＿＿＿＿＿＿＿＿＿＿

显示器——故常无欲，以观其效。——＿＿＿＿＿＿＿

＿＿＿＿＿＿＿＿＿＿＿＿＿＿＿＿＿＿＿＿＿＿＿＿＿＿

键盘——常有欲，以观其微。——＿＿＿＿＿＿＿＿＿

＿＿＿＿＿＿＿＿＿＿＿＿＿＿＿＿＿＿＿＿＿＿＿＿＿＿

鼠标——此两者，同出而异名。——＿＿＿＿＿＿＿＿

＿＿＿＿＿＿＿＿＿＿＿＿＿＿＿＿＿＿＿＿＿＿＿＿＿＿

主机——同谓之玄，玄之又玄，众妙之门。——＿＿＿

＿＿＿＿＿＿＿＿＿＿＿＿＿＿＿＿＿＿＿＿＿＿＿＿＿＿

＿＿＿＿＿＿＿＿＿＿＿＿＿＿＿＿＿＿＿＿＿＿＿＿＿＿

联想好了之后，简单回顾一遍，然后，还是写在下面的划线上：

＿＿＿＿＿＿＿＿＿＿＿＿＿＿＿＿＿＿＿＿＿＿＿＿＿＿

＿＿＿＿＿＿＿＿＿＿＿＿＿＿＿＿＿＿＿＿＿＿＿＿＿＿

＿＿＿＿＿＿＿＿＿＿＿＿＿＿＿＿＿＿＿＿＿＿＿＿＿＿

＿＿＿＿＿＿＿＿＿＿＿＿＿＿＿＿＿＿＿＿＿＿＿＿＿＿

还是一样的，对比着自己做的联想和参考解说，找出其中对你来说最新的用法，融合到自己的记忆习惯之中。提示：替代法的使用，如：万物之母——女娲等！

参考解说：

衣柜——道可道，非常道。——打开衣柜，看见一个道士站在肥肠铺成的道路上；

双人床——名可名，非常名。——双人床上挂着一条名贵的肥肠；

椅子——无，名天地之始。——椅子上趴着一只巨大的蜈蚣，蜈蚣飞到天上拉了一堆屎；

桌子——有，名万物之母。——桌子上坐着女娲娘娘；（代替法：女娲——万物之母）

显示器——故常无欲，以观其妙。——显示器故障，我无语了，但一下就好了，真奇妙；

键盘——常有欲，以观其徼。——键盘上长着一双脚；

鼠标——此两者，同出而异名，——鼠标上的左右键同出而异名；

主机——同谓之玄，玄之又玄，众妙之门。——打开主机旁边的侧板，看到了铜打造的胃（简称"铜胃"），这个胃在那里旋转，旋转了又旋转，非常快，这时候一道光闪现，一扇众妙之门打开，看到了一个奇妙的世界。

A、主要应用领域：

1.用于数字记忆和扑克牌等记忆训练。

2.用于整本书或长篇文章的记忆。

B、选取地点桩的注意事项：

1.按照一定的顺序来选取，例如顺时针、逆时针、由远到近、由近到远等。

2.尽量分为5个地点一小组、10个地点一中组来进行选取，方便地点的记忆和运用。

3.尽量选取那些自己很熟悉的、很容易就能想起来的地点。

例二、地点桩记忆下面的10组数字

31 25 17 45 29 18 90 61 73 82

1. 衣柜 2. 床 3. 椅子 4. 桌子 5. 电脑显示器

衣柜——31 25　衣柜夹着条鲨鱼，鲨鱼咬着二胡；

床——17 45—— _____ ；

椅子——29 18—— _____ ；

桌子——90 16—— _____ ；

显示器——73 82—— _____ ；

参考解说：

衣柜——31 25——衣柜夹着条鲨鱼，鲨鱼咬着二胡

床——17 45——床的四个脚各放一个仪器，每个仪器上面都坐着一个师傅；

椅子——29 18——椅子上的鹅脚，抓着篱笆

桌子——90 16——桌子上面趴着一只长着翅膀的精灵，翅膀挣脱开了衣钮

显示器——73 82——显示器上飞出了许多许多的鸡蛋，鸡蛋啪啪啪地砸到了靶儿的中心！

地点桩记忆数字说明：注意记忆的顺序，前后不能颠倒；抓住图像的特征进行夸张夸张、量化处理。

例三、扑克的简单介绍：

31（梅花A） 25（红心5） 17（黑桃7） 45（方片5） 29（红心9）

18黑桃（8） 90（方片10） 61（黑桃J） 73（梅花K） 82（梅花Q）

对于扑克的记忆，这里只作简单的介绍，如果你有兴趣，可以到我们海马的网站上去寻找一些相关的扑克记忆的内容。

总结：图像定桩运用的注意事项

1.同一套桩一天之内的重复使用最好不超过2次。

2.同一套桩记牢一组信息之后，是可以再记更多信息的。

3.除了地点桩以外，其他桩的数量都比较有限，因此记忆大量资料（例如整本书）的时候往往选择地点桩会比较好。

4.数字编码表一定要牢记，而且最好在记住我们提供的编码的基础上再去慢慢修改为适合自己的编码。

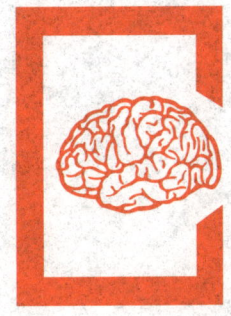

图像记忆第七课作业

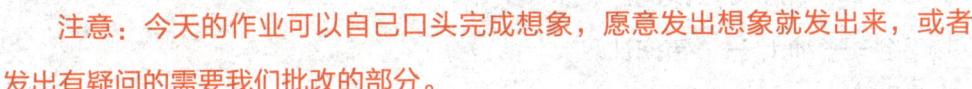

注意：今天的作业可以自己口头完成想象，愿意发出想象就发出来，或者发出有疑问的需要我们批改的部分。

一、数字桩记忆36计未讲完的部分（根据时间可先只完成一部分）

11 —— 筷子 —— 李代桃僵

12 —— 婴儿 —— 顺手牵羊

13 —— 医生 —— 打草惊蛇

14 —— 钥匙 —— 借尸还魂

15 —— 鹦鹉 —— 调虎离山

16 —— 杨柳 —— 欲擒故纵

17 —— 荔枝 —— 抛砖引玉

18 —— 篱笆 —— 擒贼擒王

19 —— 泥鳅 —— 釜底抽薪

20 —— 耳环 —— 浑水摸鱼

21 —— 鳄鱼 —— 金蝉脱壳

22 —— 鸳鸯 —— 关门捉贼

23 —— 和尚 —— 远交近攻

24 —— 盒子 —— 假道伐虢

25 —— 二胡 —— 偷梁换柱

26 —— 河流 —— 指桑骂槐

27 —— 耳机 —— 假痴不癫

28 —— 荷花 —— 上屋抽梯

29 —— 阿胶 —— 树上开花

30 —— 森林 —— 反客为主

31 —— 鲨鱼 —— 美人计

32 —— 仙鹤 —— 空城计

33 —— 仙丹 —— 反间计

34 —— 绅士 —— 苦肉计

35 —— 珊蝴 —— 连环计

36 —— 山鹿 —— 走为上

二、找15个地点桩（一定要按顺序来选取）

有兴趣的也可以用这15个桩来尝试记忆一下《道德经》第二章。（《道德经》记忆可以自己选择做还是不做）

天下皆知美之为美，斯恶已。皆知善之为善，斯不善已。

有无相生，难易相成，长短相形，高下相盈，音声相和，前后相随。恒也。

是以圣人处无为之事，行不言之教；万物作而弗始，生而弗有，为而弗恃，功成而不居。夫唯弗居，是以不去。

第八课
综合训练（一）

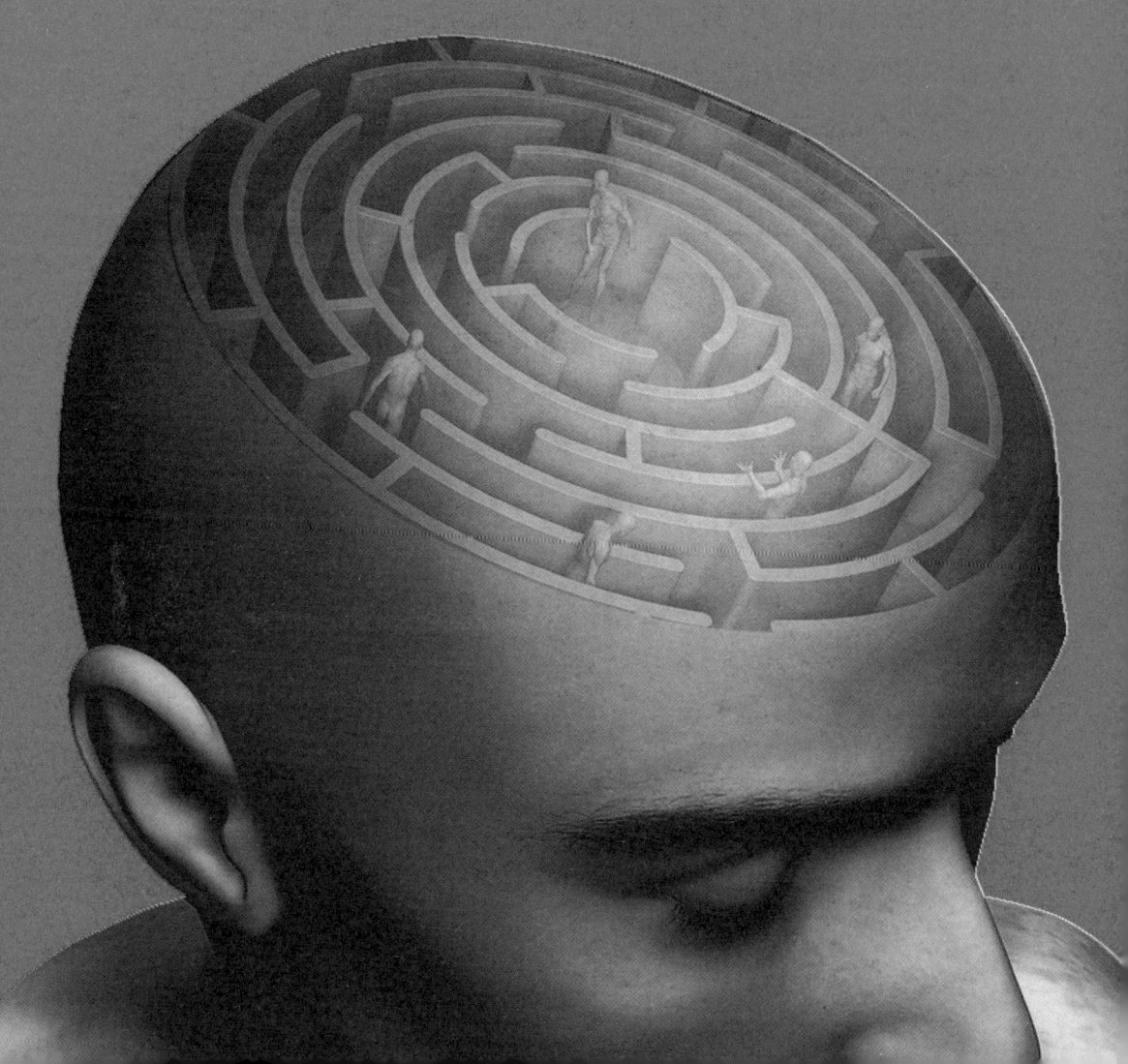

 图像记忆在生活中的运用 ◀

前面七课的内容，我们已经将图像记忆方法体系的四大步骤——图像展现、图像联想、图像简化以及图像定桩全部讲完了。这些天的训练、总结，相信聪明的你也从中收获颇丰，针对昨天的内容，我来抽查一下36计的记忆情况：第十五计是什么计？第二十七计呢？还有第三十一计？如果你能够脱口而出，那说明你已经很好的融入到课程中了。

好了，在记忆方法体系的四大步骤学习完，在这节课正式开始之前，有个注意事项需要跟你说明一下：对于利用图像记忆的内容，一般是很深刻的，但这并不意味着你就不需要进行复习。没有什么记忆是不需要复习的，记和忆是两个步骤，缺一不可。既然我们已经花了那么多的精力和时间，去提取关键词、去联想，后面我们就不能吝啬，稍微再花些时间去回忆，在早上醒来，晚上休息的时候，或者任何一个时间段，简单的抽出几分钟进行回忆一下，就能达到很好的效果。而且，利用联想记忆的内容，在我们回忆的时候有一个好处：就是你不需要总是将记忆的材料拿在手上。有了这些联想，基本上你就可以跟着这些联想，将原内容回想起来，隔一段时间回想一下就够了。而我们之前的记忆，总是放不下这些记忆材料，总是读了背，背了读，都是在那里看，一旦回忆不起来，马上就去看！这里要强调一点：记忆，记了之后就要完全的投入到忆当中，记忆是两个步骤，分两步走。

我们的传统记忆的"记"和"忆"是混淆的，总是在那里记，基本上没有去忆。而稍微一点没有回忆出来，你马上就会去看，这样一来，你是摆脱不掉记忆材料的。相对于图像记忆，联想完了之后，也就有了帮助你回忆的资料，这些资料你能回想出来，那也就证明你已经记住了，回忆不出来，那再去加强联想，再去重新回忆。这样有个两三遍，基本的内容也就进了你的大脑，你也就不需要再去看它了，只需要在大脑中去回忆，偶尔有不确定的地方，再把原内容拿出来看一看，这样才是不断的在复习，在加强你的记忆。如果你一直是在看那些要记的资料，那证明你始终没能记住。所以，请记住：分两步去走——先去记，然后投入回忆！

OK,这节课将正式进入我们图像记忆灵活运用的第一阶段——图像记忆在生活中的应用。如何将我们前面七节课学习到的方法融入到生活中呢？

首先，我们了解一下如何记忆人名。人名记忆，在我们生活中，是一种比较重要的记忆。在日常生活中，每天我们都会遇到很多人，而且现在人的思维也都比较漂浮，因此，记忆人名，对于很多人来说是一个比较困难的事情。不过，懒人总有懒法子——男的全都叫帅哥，女的全都叫美女。对吧，呵呵，看到以前见过的一位男士，老远的就叫过去了，"嘿，帅哥，你好啊！好久不见了哈……"事后跟朋友聊天，就会长嘘一口气："今天遇见了以前在哪哪见过的一个哥们，一时忘了他叫什么名字，差点穿帮……"

在很多时候，我们可以通过这样的称谓去避开由于忘记别人的姓名而产生的尴尬，但如果我们遇到的是自己的长辈，或者领导，或者重要客户等等你不能用这样偷懒的称谓时，你是不是就蒙在那里了呢？！

因此，我们还是很有必要对人名的记忆方法了解一番的！其实人名的记忆和我们记忆词语很类似。人名之所以难记，与词语一样，也都是因为它们在我们的大脑中是分散的个体。对于人名，我们没记住，因为人名与这个人是分开的，在我们的大脑中，是分散的个体，没有什么关联。那怎么样才能记住呢？对了，聪明的你或许已经想到了——和词语的记忆一样，让它们形成联系，通过动作、故事将那些从人名与对应的人的身上提取出来的图像串联起来就OK啦！

大家还记不记得，在前面课程的开始，我是如何介绍我自己的？陈明月，耳东——陈，我有一对大大的耳朵，很多人一看到我的耳朵都会"哇"的一声——如来佛的耳朵，呵呵；然后呢，我叫明月，我的脸比较圆，笑起来牙齿比较白，大家说像十五的月亮一样，还发着光！想像我的样子：圆圆的脸，大大的耳朵，十五的月亮，长着一对大大的耳朵，就是我！

再有，大家肯定有感触：现在很多时候，我们同学聚会，大老远的看见那个同学，脑中陡然想起那个同学的外号，但就是想不起来那个人叫什么名字。年代久了，人都大了，再加上好多年没联系，再叫外号，心里总是会有所顾忌——叫人家外号，估计不太好吧！呵呵，其实，现在想来，如果当年，我们就将外号与这个人的名字挂一下钩，也不至于现在想不起来人家的姓名嘛！毕竟，人家的外号，你是记的那么的清楚，反应的那么快速，不是吗？

在生活中，作为自己来讲，别人记不住自己的名字，很多时候，也是我们在介绍自己的时候含糊不清，简单的说："你好，我叫陈明月。"可能你说完了，别人还没能反应过来。第一次都没能听清，后面的忆就更别提了！我们都希望别人能记住自己的名字，那我们在介绍自己的时候，就得要学着将自己的名字与自己的外貌特征还有工作等等内容进行挂钩。当然，希望别人记住自己，我们很多时候也得要学着去多记住别人的名字。这个时候，如果对方的介绍你没听清楚，你就可以进一步的确认一下："对不起，您刚刚说的是陈XX？"别人在听到你进一步确认的时候，肯定是会有一种受到重视的感觉，你说呢？

记住别人的名字，会让人觉得"啊，某某人不错，我的名字都记住了，看来他很重视我，值得与他进一步的沟通交流。"现在是一个信息社会，人与人的沟通非常重要，如果能够在第一次见面或者第二次相遇的时候，就给人家留下一个极好的印象，相信你发展的舞台将会比别人高很多！

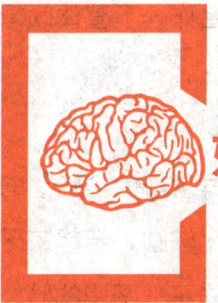

姓名、电话号码记忆 ◀

好啦，让我们进入主题——人名，具体的怎么来记呢？

a.姓名记忆方法：

1.谐音；
2.名人；
3.解释；

方金斗、方佳、丁子高、张欣、刘敏贵、刘志扬、高丽馨、
凌丹、段意、王兵兵、张瑜、钟海霞、黄晓霞、姜肖肖

谐音，就是把名字中容易形成图像的文字谐音转化成图像，再和人的特征或身体部位联结在一起。

名人，就是他的名字和某个名人的名字很接近，就可以利用这个名人来记忆。

解释，就是把名字的每一个字清楚地解释一下，如：陈，耳旁陈，明，明天的明，月，月亮的月，这样就能让别人更清楚地知道是哪几个字！有的还可以把自己名字的由来讲讲也能帮助对方记忆！

这三种方式首先是谐音，因为这个能把名字和人真正联结在一起，但能结合名字的解释结合起来就更好！

让我们还是是使用的体验中来感受这三种方法的运用吧！

参照我的姓名：陈明月的自我介绍，大家先将自己的姓名作一下整体联想吧，并写在下面的划线上，为自己的人际关系打下牢固的基础：

参考联想：陈明月

耳东——陈，我有一对大大的耳朵，很多人一看到我的耳朵都会"哇"的一声——如来佛的耳朵，呵呵；然后呢，我叫明月，我的脸比较圆，笑起来牙齿比较白，大家说像十五的月亮一样，还发着光！想像我的样子：圆圆的脸，大大的耳朵，十五的月亮，长着一对大大的耳朵，就是我！

如：方金斗——谐音：想象这个人头上戴了一个方形的金色斗笠。名人：和某个相声演员的名字很相近，再找找他们也没有长得相声或者语言表情有没有相似的地方，作为记忆提示就更好了。

方佳——想象她头发上带着非常漂亮的一个方形发夹！

丁子高——这是我见过照片的人的名字，他的鼻子很高，我就想象把钉子钉在他高高的鼻子上。

其他的就自行练习吧！

每个人都可以把名字谐音成图像然后和面部身体的任何一个部位联结在一起，如果是他特别突出的特点就更好，不是就找一个你觉得你容易在下次见到他可以提示到回忆的部位，甚至可以是他的表情动作，只要能和名字产生联结就可以，这样名字和人就紧密地结合到一起了，就不像以前我们记名字是把人和名字脱离的！

这里我讲的名字都还是觉得很死板，最好是自己先把自己的名字和自身特点结合想出一个联想，后面在接受的时候别人就更能记住，然后开始在生活中去实践，首先可以从身边的朋友、同事、同学开始练习，慢慢地养成有意识的运用图像记忆人名，一段时间后你会发现记忆人名的能力会大大提升，而且对于人的特征的观察力也会更加敏锐，就更不用说记住人的长相哦！

在整理了自己姓名记忆之后，再从自己生活的关系圈子里选择一个朋友，来作一下姓名记忆：

_____

_____

_____

_____

_____

_____

_____

_____

b. 电话号码谐音记忆练习：

15926309465：15827297770：13957593470；

下面的电话号码，参照例题的串联方法，结合自身的理解，一起来串联记忆一下吧：

例：18652798587：

八路抱着孤儿，孤儿手上的碗里飞出七彩斑斓的气球，气球炸开掉出耳朵长长的兔子，兔子的大牙啃着一个个的白棋。

15827297770： _____

_____

_____ ；

13957593470： _____

_____

_____ ；

参考联想：

15827297770：

串联记忆：

我爸戴耳机吃着鹅脚去抓刺猬和麒麟。

13957593470；

简洁联想记忆：

医生救母鸡，我舅杀死麒麟。

电话号码的记忆尽量紧密简洁，一开始可能只能环环相扣的做串联，慢慢熟悉了，你就完全可以根据号码本身的顺序，凭第一直觉创造属于自己的记忆过程！

电话号码的记忆不仅可以锻炼我们的记忆能力，更重要的是在生活中也会有很大益处：第一，当有人给你电话号码的时候，你不用再到处找纸和笔，也不用去借手机，你只需让对方慢一点告诉你，你边听边联想，就可以记住了，而且可靠性更高哦！不信的话自己好好实践一下吧！我个人可是百试百灵哦！

c. 记忆人名与电话号码：

刚才讲到的是人名和电话号码的单独记忆，现在我们再练习一下，人名和电话号码放在一起来如何记忆！

例：袁传（圆船）航——18752706789

一艘圆船（袁传）启（航）驶向大海，回来的时候船上插满了白旗（87），这里不是重点，重点在于我爱麒麟（5270），痴情的小伙在楼梯（67）上，边喝着白酒（89），边哽咽地述说着一段心痛的往事。

李金松——13952383550

联想过程：_____

_____

_____

_____；

参考解说：
礼金（李金）要是少了，就在那棵（松）树上挂上你的三角裤（39），我爱三八婆（5238），有如珊瑚（35）上冉冉升起的五环旗（50），高高在上，日月可见。
方金斗——15926309465

联想过程：_____

_____

_____；

参考解说：

翻筋斗，就像猴哥那样翻着

头上顶着一个方形的金斗笠

串联1：斗笠翻筋斗，穿过五角星，掉进河流里，溅起的河水淹没了森林，从森林里逃出一个教师，教师骑在老虎的身上，逃生去了！

串联2：方金斗，翻着筋斗嗖的一声，飞上了云端，然后呼啦的一闪，只见方金斗扔出一个金光耀眼的五角星冲向河面，四处溅起一路的水花，沿着河面，飞进了森林，刚好插进了一个路过看热闹的教师的脑门正中央……

建议大家可以先把手机里面比较常联系的家人、朋友结合名字把电话号码一起记忆下来，而且记忆之后在拨打电话的时候就尽量不要找电话本，而是直接拨，这样每一次打电话就复习了一次，最好是连存都不存到电话本里了。这样有好处，锻炼了我们的记忆能力，同时提升了对数字记忆的敏感度，更重要的是当手机丢失的时候，你可以找到很多人求助，最关键的是你手机丢了也不会担心偷你手机或捡到手机的人看到你的家人后，利用你的手机来骗家人！安全和保密性超强哦！

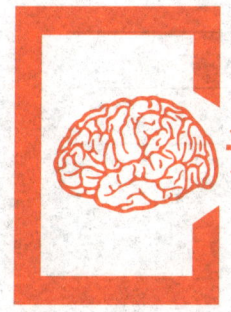

记忆购物清单

想问你一个问题：在你去超市买东西，有忘记过买什么的经历吗？你可能会说，没事，可以写在纸条上。这里，我想与你分享一个真人趣事：曾经一个学员，比你更加的高明，他嫌写在纸条上太麻烦，不如写好存在手机里，在超市的时候直接拿出来读一下就好了。这主意不错吧，手机嘛，现在很多人都随身携带的。可方便的同时，问题也来了——在他到超市的时候，一掏腰包，发现手机被偷了！最后，只好郁闷地买了部手机回去。

呵呵，所以呢，最保险的方法，还是记在我们的大脑里！下面呢，我们利用已经学过的方法，来记忆一下下面的购物清单，将记忆的过程写在后面的划线上：

**洗衣粉　色拉油　老抽酱油　卷纸　洗洁精　味精
拖把　饼干　猪肉　酸奶　苹果　面条**

比如这些是我们要去买的一些物品，我们可以利用我们之前学习到的身体桩来——对应做个联想记忆。

参考记忆：

用洗衣粉洗头发；

眼睛干涩点一点色拉油；

鼻子里插一瓶黑乎乎的老抽酱油；

嘴巴咬着一卷卫生纸；

耳朵里面灌洗洁精出来很多泡泡；

脖子上洒满味精；

肩膀上扛着拖把；

手掌拿着一包饼干；

肚子上贴着一块猪肉；

屁股上坐着酸奶；

膝盖上挂着两个大苹果；

脚掌踩着面条；

整个联想过程用时不到一分钟，然后你就可以一边回忆一边笑着去超市啦！

你可以自己写下一些要买的东西来练习一下：

_____

_____

_____

_____

_____

_____

_____

参考解说：

1、可用12个身体桩，进行定桩。你如果写下的要买的东西超过12个，你可以考虑一个桩上记忆2个内容，甚至3个都没问题的，就跟词语练习你可以把第一个词放在桩上，后面的就可以根据串联——回忆起来了；

2、也可以在经常去的超市的路上，选择一些地点桩，方便日后定桩；

生活中我们是不是还会有这样的烦恼，就是出门忘记带钥匙、钱包或手机啊？我个人就是其中一员，曾经我最高记录一天中3次忘记带钥匙把自己关在门外，然后爬窗进去，这样不仅烦恼而且危险，找人开锁不仅贵而且还会弄坏门锁，所以后面我就很想改变这个问题，我就在使用身体桩记忆购物清单的过程中发现了一个可以改善这个问题的方法，这里也分享给大家，希望对大家也有帮助！

其实忘记带东西出门，不一定是记忆的问题，而是习惯的问题，我们可以利用身体桩的面部这记忆桩来形成出门检查的习惯，下面举例跟大家说一下：

头发——钥匙

眼睛——钱包

鼻子——手机

嘴巴——公文包、手提包

耳朵——笔

脖子——名片

比如这些是我们出门必须带的一些东西，我们早上出门肯定是要梳头发整理仪容的，所以就可以在这个时候检查要带的东西了。

梳头发的时候就想象头发上挂着一把大门钥匙，或者直接想象用钥匙梳头发；看到眼睛的时候想到见钱眼开，出门不带钱可是寸步难行哦；鼻子上插上随时要与人联系的手机；这三样可是出门必备，所以一定要放在最前面。嘴巴咬着公文包；耳朵夹着笔；脖子挂名片。

这样连续使用21天你将会形成出门自动检查的习惯，而且看到你的五官就自动回想起来，我已经在使用中真正受益，也改善了这一习惯哦！赶紧使用起来吧！

经常有学生问我怎么记路，说老是记不住路，所以出门很麻烦，这里我也把自己运用图像记忆路线的方法告诉大家，我把去日本旅游带着大家晚上出去逛的时候，我记忆下路线的过程分享给大家，给大家做一个参考吧！

那天晚上大家都想出去逛逛，但没人会日语，又担心记不住路回不来，所以就在犹豫要不要出去，我就大胆地告诉大家，有我在一定把大家带回来，然后就带着一帮人出去了，下面就是我们经过的几条路，我所记忆路线的过程：

我们一出来直走没多久就左转，左转的路口有一个加油站；然后就再左转，左转的路口有一家美容院，招牌上是一个正在做美容的美女；接着我们再右转到一条街，街口有一个卖烤丸子的店，然后又左转到一个酒吧街，路口就是一家酒吧，招牌上有着各种酒的图像。

接下来我就把我怎么记忆的写下了：

加油站的男生拿着一把加油枪在美容院的美女左脸上做美容，美容院的美女抢过烤丸子老板右手的丸子，老板生气地扔出烧烤的刷子砸碎了酒吧的招牌上的酒瓶！到了我们的目的地后我就闭上眼睛，把来的路整个回忆了一遍，就放心地在那边玩，结束后我顺利地把大家带回了酒店！

记不住路线和懒得记有着必然的联系，当然如果能有点方法再加上一点点勤快的记忆，就更相得益彰！记路线有两点非常关键，一是留心每一个转弯的那个方向路口的明显招牌或物体，二是到了目的地花一分钟的时间闭目回忆整个走过的过程，回忆的这个过程非常重要，这个也是我在使用中深刻的总结，如果没有那个回忆，回去的时候就会模糊，回忆了就清晰很多哦！

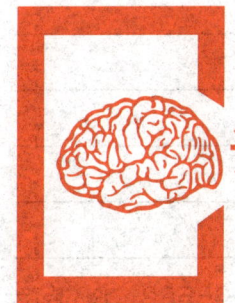

记忆银行咨询电话

银联95516　　　　中国银行95566　　　　招商银行95555

光大95595　　　　建设银行95533　　　　农业银行95599

工商95588　　　　华夏银行95577　　　　交通银行95559

商业96588　　　　深圳发展95501　　　　浦东发展95528

农村信用社96668

　　这上面的电话号码，感觉好记吗？基本的方法已经学过了，记住这些应该是个很简单的事情了哦！呵呵，这题就简单分析一下吧：我们先观察一下，除了商业银行和农村信用社的电话，剩下的十一家银行，前三位数字都是955开头的，那剩下的两位数字，利用数字编码与前面的银行名称再对应一下，是不是就更加好记呢！呵呵，那就自己试一下吧！

银联95516 ＿＿＿＿＿＿＿＿＿＿＿＿＿＿＿＿＿＿＿＿＿＿＿＿＿＿＿＿＿；

光大95595 ＿＿＿＿＿＿＿＿＿＿＿＿＿＿＿＿＿＿＿＿＿＿＿＿＿＿＿＿＿；

工商95588 ＿＿＿＿＿＿＿＿＿＿＿＿＿＿＿＿＿＿＿＿＿＿＿＿＿＿＿＿＿；

中国银行95566 ＿＿＿＿＿＿＿＿＿＿＿＿＿＿＿＿＿＿＿＿＿＿＿＿＿＿；

建设银行95533 ＿＿＿＿＿＿＿＿＿＿＿＿＿＿＿＿＿＿＿＿＿＿＿＿＿＿；

华夏银行95577 ＿＿＿＿＿＿＿＿＿＿＿＿＿＿＿＿＿＿＿＿＿＿＿＿＿＿；

深圳发展95501 ＿＿＿＿＿＿＿＿＿＿＿＿＿＿＿＿＿＿＿＿＿＿＿＿＿＿；

招商银行95555 ＿＿＿＿＿＿＿＿＿＿＿＿＿＿＿＿＿＿＿＿＿＿＿＿＿＿；

农业银行95599 _____；

交通银行95559 _____；

浦东发展95528 _____；

农村信用社96668 _____；

商业96588 _____；

在你联想完了之后，我还想提醒一点，比如：工商银行95588，88谐音爸爸，那就可以想着：工商银行是我爸爸开的。可以将脑中的画面凸显的更加逼真一点。那我想说的是农业银行95599呢？不错不错，我舅舅开的。浦东发展95528呢？呵呵，二爸开的！呵呵，在运用图像记忆的过程中一定要记得变通哦。

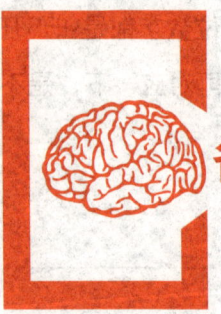

各航空公司代码记忆

中国国际航空股份有限公司 航班代码 CA

中国南方航空股份有限公司 航班代码 CZ

中国东方航空公司 航班代码 MU

中国海南航空股份有限公司 航班代码 HU

上海航空股份有限公司 航班代码 FM

深圳航空有限责任公司 航班代码 ZH

　　这题是关于各航空公司的代码的，经常出差，需要坐飞机的朋友，可以尝试着记忆一下，也同样的简单，提取一下关键词，然后尝试着对应联想记忆一下。

参考解说：

中国国际航空股份有限公司　航班代码 CA

国际——CA（查）国际航空嘛，当然"查"的很严了。

中国南方航空股份有限公司　航班代码 CZ

南方（南瓜）——CZ（肠子），坐南方航空的飞机，南瓜里的肠子都被颠出来了。

中国东方航空公司　航班代码 MU

东方（太阳）——MU（母亲），灿烂的阳光照耀着母亲的脸庞。

中国海南航空股份有限公司　航班代码 HU

海南（海南岛）——HU（胡子），海南岛上到处都是胡子。

上海航空股份有限公司　航班代码 FM

上海——FM（调频收音机），大上海（可以想象着上海滩的场景）经常用到的调频收音机。

深圳航空有限责任公司　航班代码 ZH

深圳（深沟）——ZH(猪)，深沟里有只猪。

　　很多人都说年纪大了记忆力会下降，其实这不是绝对的。我身边就有很多年纪很大却记忆超群的人，我的一位心理老师已经60多岁，一位已经80多岁，但对每一个学生和找他们咨询过的人，都记得相当清楚，而且还包括他们讲述的自己的经历和事件，后来我了解了一下，他们居然异曲同工的使用的也是图像的记忆方式，前面那位60多岁的老师使用的就是心理学的《心像法》，就是把人和事件在心里运用图像的方式进行记忆，她可是可以把我们心理学班50多位学员的名字很快牢记于心哦！

所以从这个实例来看，人的记忆力下降多少不是跟年龄有关的，而是跟我们使用的频率和方法有关，现代人记忆力的下降绝大部分跟我们依赖现代工具有关。想想我们在没有手机之前，我们记忆电话号码的能力一般人来说都还是不错的，但自从有了手机的电话本功能后，就基本不去记忆了，慢慢地肯定就会下降啦！现在的笔记本电脑、掌上电脑，甚至智能手机都有复制粘贴功能，加上U盘随时可以携带，很多人就把学习资料、工作资料放在里面，我经常在讲课现场就有学员要直接下载课件，我经常都说其实你下载回去也不会怎么看，更不会去主动记忆，只是放在自己手里安心而已。所以久而久之我们大脑的记忆能力自然就越来越低了，就像小时候上学老师说的大脑要用，不用就会生锈的，那我们的记忆能力也是一样会生锈哦！大脑管记忆的片区叫"海马"，长久不用这只"海马"就睡大觉去了，慢慢地自己一看到要记忆的东西就觉得累，必须要记的东西也让人感觉烦躁，这就像我们长期不运动的人，一要运动就觉得累感觉烦一样！所以我们要在生活中主动的去记忆一些东西，那么就可以利用图像记忆法去记忆，这样既锻炼了记忆能力又丰富了想象力，同时你还会发现会多了很多自娱自乐的笑点哦！特别是用谐音法记忆人名的时候，经常会想出一些忍俊不住的画面和谐音，想知道其中的乐趣就一定要主动运用，多多运用哦！上面提供的银行电话和航空代码也是给大家做练习的，大家还可以去发现更多可以主动运用和练习图像记忆法的生活例子！使用一段时间后，再回来看看你的练习，就能看出自己的改变了。

日常重要事情的记忆

　　日常生活中，我们常常会遇到这样的情况，比如：由于工作的需要，第二天早上到办公室，第一件事情就是要将近期的客户资料交给领导，然后还要与一位同事沟通最近的工作情况等等。可能你会说这个不用记在大脑里，可以直接做一份工作日志嘛！您说得没错，在办公室，做一份工作日志，有笔有纸很方便的。我个人的习惯倾向于既做书面的工作日志，同时也尝试着将其在脑中成像、组合。要知道我们的大脑，那是越用越活、越用越灵光的。工作中，用笔纸方便，那生活中呢？将笔和纸24小时随时带在身边的人，也还是有限的哈。

　　让我们来设想一个场景：现在已经是晚上八点了，在这个时候，我的大脑中逐渐地列出了明天早上有几件事情要做——第一件，早上要去一位朋友家，由于近期不方便回家，需要我帮他将他的收音机带过去；第二件，我的戒指昨天落在老家了，早上路过的时候，要去取一下；第三件，回老家的时候，还要取件围巾，还有唇膏……

　　这个场景中，需要记的事情虽然不多，但生活中类似的事情还真的不少。而很多人也还真的会在早上匆匆忙忙的时间里忘记要做的事情，给第二天的行程带来一些小插曲。当然，或许聪明的你已经想到了如何来解决这个问题：

　　分析：第二天早上，我肯定要做饭；我还要刷牙；去老家的路上会过一座桥，而且桥就在老家旁边。

　　记忆：在脑中想象，第二天早上做饭的时候，锅里煮着收音机，收音机在锅里煮的时候，上下的飘动着，同时还放着一首自己很熟悉的歌曲；当自己刷牙的时候，当牙刷在嘴里左右刷动的时候，沿着牙刷掉下了自己心爱的戒指，一边吐着白沫，一边想着这些白沫竟然不是直接落到地上而是飘起来，围住了自己的脖子，最后还封住了自己的嘴唇。

这个场景可以在晚上睡觉前还有早上醒来的时候，在脑中回忆一下，当自己做到这些事情的时候，自己也会会心的笑一下：哈，就这个，我还有事情等会儿要做呢。当然，这其中还有一个技巧，就是最好是在最后再将要做的事情（或是要取的东西），与做这件事之前的第一件事情相关联。也就是做了这件事情，我就想起了要去做我计划今天要去做的事情了。还有，路上的标志物，也可以将其融入自己的想象情节中，进一步加强一下自己的想象。

图像记忆第八课作业

一、记忆5个你自己手机里面的电话号码！

二、词语练习。根据自己现在的状态自行练习！

第九课
综合训练（二）

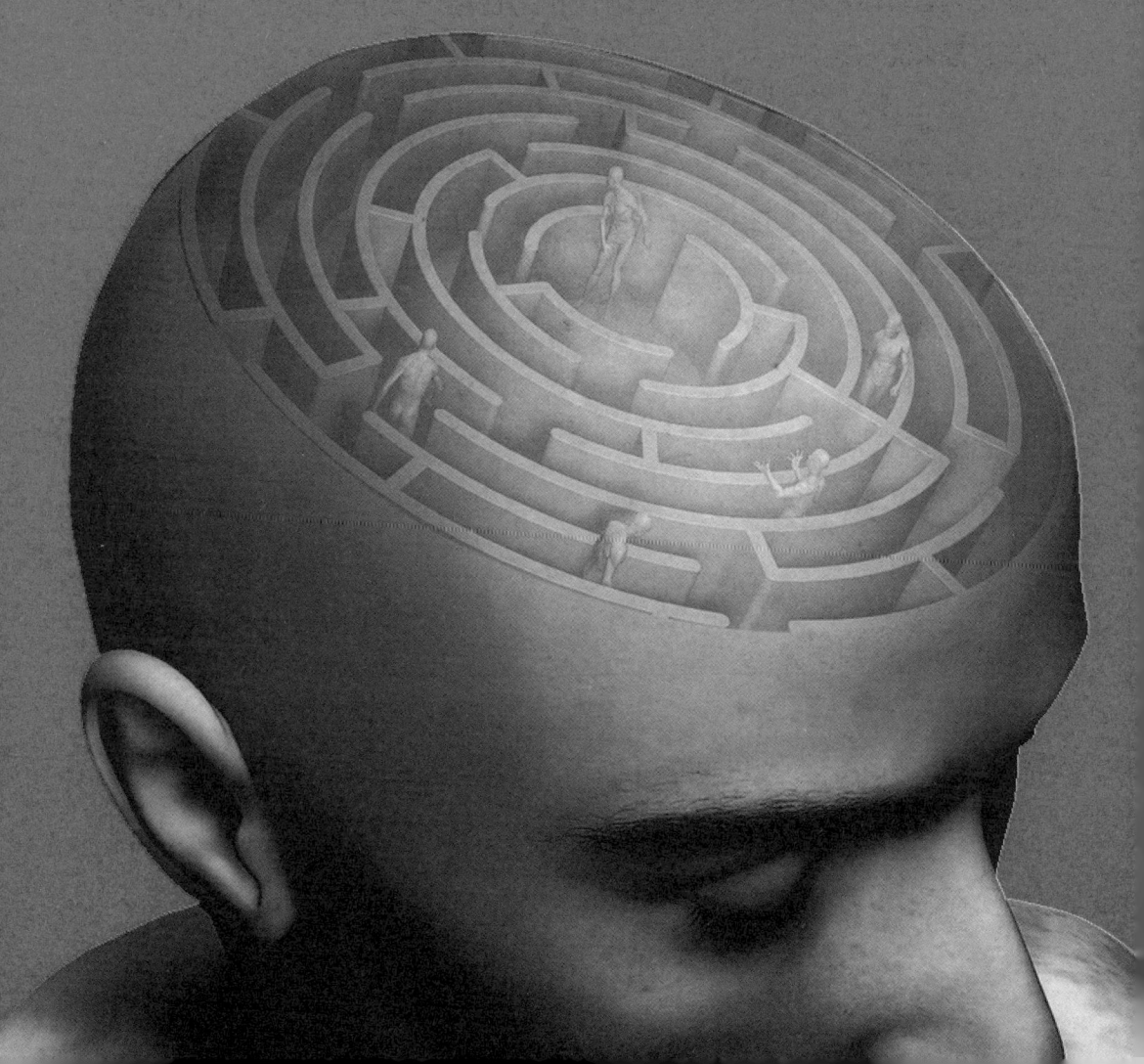

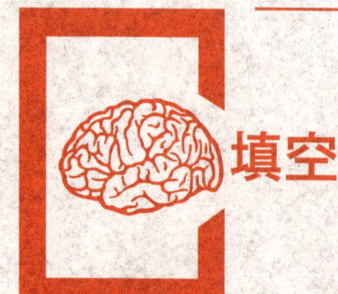

填空题型

第九课的学习，将是针对专业性比较强的学习的内容，将我们的图像记忆方法应用到其中去。首先，我们先来看一下填空题型中的应用：

对于填空题型的学习，大家之前是如何记忆的呢？当然，这得要根据具体的记忆内容具体对待，不是吗？呵呵，下面几题是涉及历史年代的，咱们来参照着例题来试一下：

1.历史年代

朱元璋建立明朝 <u>1368</u> 年

参考联想：朱元璋建立明朝时,坐在登基龙椅上，一边让医生（13）打针，一边吹着喇叭（68），因为太开心了。

中法战争爆发 <u>1883</u> 年底

联想：＿＿＿＿＿＿＿＿＿＿＿＿＿＿＿＿＿＿＿＿＿＿＿＿＿＿

郑和下西洋 <u>1405</u> 年

联想：＿＿＿＿＿＿＿＿＿＿＿＿＿＿＿＿＿＿＿＿＿＿＿＿＿＿

莱特兄弟试飞飞机成功 <u>1903</u> 年

联想：＿＿＿＿＿＿＿＿＿＿＿＿＿＿＿＿＿＿＿＿＿＿＿＿＿＿

郑成功收复台湾 1662 年

联想：_____

中日甲午战争 1894 年

联想：_____

马克思生日 1818 年 5 月 5 日

联想：_____

清兵入关 1644 年

联想：_____

联想好了吗？不要紧，如果认真去做了，那就勇敢地来面对它吧！不要怕出错，出错的地方，在复习之后，将会是你记得最深的地方，好了，来尝试着填一下吧：

建议用铅笔，写完了之后，可以用橡皮擦掉，日后回忆的时候，看着这些空白的内容直接说出年代。

1.历史年代

朱元璋建立明朝_____年　　　　中法战争爆发_____年底

郑和下西洋_____年　　　　　　莱特兄弟试飞飞机成功_____年

郑成功收复台湾_____年　　　　中日甲午战争_____年

马克思生日____年____月____日　　清兵入关_____年

参考解说：

1.历史年代

朱元璋建立明朝 1368 年

朱元璋建立明朝时,坐在登基龙椅上，一边让医生（13）打针，一边吹着喇叭（68），因为太开心了。

中法战争爆发 1883 年底

中法战争时，中国将士为了保卫一把宝扇（1883）而战争到底。

郑和下西洋 1405 年

郑和下西洋时他就拿了一把门钥匙（14）牵着一头猪（05）就走了，其他的什么都没带。

莱特兄弟试飞飞机成功 1903 年

莱特兄弟虽然试飞飞机成功了，但那时飞机造型显得依旧零散（1903）。

郑成功收复台湾 1662 年

郑成功收复台湾时是拿着杨柳（16）骑着毛驴（62）去的。

中日甲午战争 1894 年

姨妈（18）每次翻书看到中日甲午战争就想起了旧事（94），她爷爷就死在那场战争中。

马克思生日 1818 年 5 月 5 日

马克思的出生，就像一巴掌（18）一巴掌（18）打得资本家呜呜（55）地哭。

清兵入关 1644 年

清兵入关的时候杀了很多人，一路（16）上都是死尸（44）。

刚刚我们做了历史年代的记忆，涉及到记忆的内容是数字，一般采用的方法是利用数字编码去进行联想记忆。也有的可以直接利用谐音，具体情况具体对待，哪种方法更加有利于你的记忆，你就采用哪种方法。方法是死的，人是活的，让我们在活学活用中，感悟方法的妙处！下面这题也是涉及数字的记忆，让我们也来挑战一下吧：

2.数字桩在地理中的应该用：

长江（6300）千米

联想：_____

黑龙江（4350）千米

联想：_____

多瑙河（2850）千米

联想：_____

地球总面积（510083042）平方公里

联想：_____

联想好了吗？深呼吸一下，好了，来挑战一下你的记忆吧：

长江_____千米　　　　　　　　黑龙江_____千米

多瑙河_____千米　　　　　　　　地球总面积_____平方公里

参考解说：

长江（6300）千米

联想：长江上，刘翔的脖子上挂着望远镜在跨栏_____；

黑龙江（4350）千米

联想：黑龙盘旋在石山上，石山上插着五环旗_____；

多瑙河（2850）千米

联想：_____；

地球总面积（510083042）平方公里

联想：_____；

尝试了数字的记忆，下面我们再来尝试点字母的记忆：

3.手机存储卡根据目前不同的生产厂商和不同的应用，闪存卡大概有 、_____、_____、_____、_____、_____ 和微硬盘六种。

答：CF卡、MMC卡、SD卡、记忆棒、XD卡

这道题，我们如何来记忆呢？碰到抽象的词，我们肯定需要进行图像的转化，那对于字母的记忆，如何转化呢？我给你一个参照：CF，可以转化成"长发"，下面，请发挥你无穷的智慧吧：

图像转化：

CF卡 ——_____；

MMC卡 ——_____；

SD卡 ——_____；

记忆棒 ——_____；

XD卡 ——_____；

图像串联：

_____

_____

_____

_____

_____

_____

_____

下面来检验一下自己的记忆吧：

手机存储卡根据目前不同的生产厂商和不同的应用，闪存卡大概有

、_____、_____、_____、_____、_____和微硬盘六种。

参考解说：

图像转化：

CF卡 —— ____"长发"或"财富"____；

MMC卡 —— ____妹妹____；

SD卡 —— ____山顶____；

记忆棒 —— ____可以想到"鸡翼"____；

XD卡 —— ____"心动"或者"想到"____；

图像串联：长发妹妹在山顶找到一个令人心动的记忆棒。

或者：这群山村（闪存）里有个MM村（MMC），她们积累财富（CF）的速度（SD）非常快，她们用一些稍微比较硬的盘子（微硬盘）装着许多鸡翼（记忆）去卖，她们也没想到（XD）竟然能赚这么多钱。

刚刚我们利用到了串联联想法，那面对下面这道题，我们该选用什么方法呢？

4.货币五职能： _____、_____、_____、_____、

_____、

答：价值尺度、流通手段、贮藏手段、支付手段、世界货币

图像记忆方法，我们学习了对应联想、串联联想、简化法，还有定桩法；对于方法，我们只学习了这四种。可能你会说还有谐音法和代替法，我要告诉你的是，谐音法和代替法是我们在将抽象词转化成具体图像时用到的转化方法。回忆了我们学习过的记忆方法，那这道题我们用什么方法呢？尝试着用你选用的方法进行记忆一下吧！

记忆过程：

_____

_____

记忆好了之后，尝试着回忆检验一下吧：

_____

_____

参考解说：

简化法：通常（藏）付假（价）币

5._____侵占中国领土最多的国家是_____。它强迫清朝廷签订了一系列不平等条约，共割占了中国_____领土_____。

答：19世纪、俄国、东北和西北、150多万平方公里

这道题中，有数字，也有抽象词，我们怎么记忆呢？自己先尝试一下，然后对比一下参考解说，找出最最适合你的。

记忆过程：

_____

_____

_____

参考解说：

串联联想：一休带领一群鹅从东西两面去夺一面五环旗！

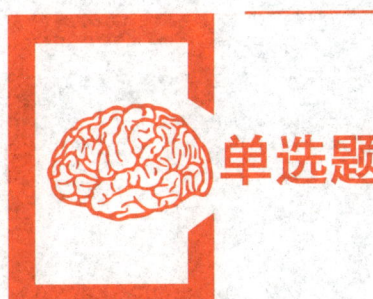

单选题

例1：我国历史上被称作有"贞观遗风"的统治者是（ C ）

A、隋文帝　B、唐太宗　C、武则天　D、唐玄宗

记忆的过程：_____

例2：进行会计核算时，应将企业财产与其他单位及投资者财产区别开来，是会计核算基本前提中关于（ A ）的要求。

A 会计主体　　B 持续经营　　C 会计分期　　D 货币计量

记忆的过程：_____

参考解说：

例1：

贞观遗风——武则天：用针管给武则天治疗遗传的风病！

真遗憾历史上只有武则天一个女皇帝！

例2：

前提——猪蹄　　　　联想成：前猪蹄

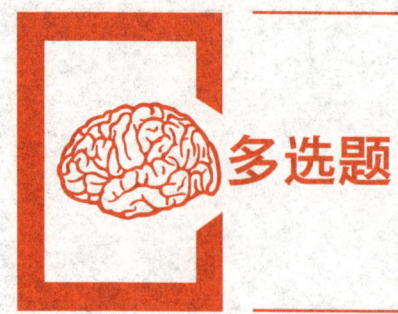

多选题

下面的三道多选题，请自己先根据已学的知识，自行选择方法进行记忆，然后对照着课后的参考解说，找出自己最适合的方法，多作回忆，加强记忆。

例1:下列费用属于期间费用的有（ ABD ）。

　　A.财务费用　B.管理费用　C.待摊费用　D.营业费用　E.制造费用

记忆过程：_____

_____

_____

参考解说：

1. 简化法：野菜馆（业、财、管）

2. 串联法：五一长假期间营业员向财务上交管理费

3. 词句桩：

　　期——财务——器材

　　间——管理——建馆

　　费——营业——飞鹰

例2:中国社会主义建设第一个五年计划所取得的成就有（ ABCD ）

　　A、鞍山大型轧钢厂建成

　　B、长春第一汽车制造厂建成

C、南京长江大桥建成

D、沈阳第一机床厂建成

记忆过程：＿＿＿＿＿＿＿＿＿＿＿＿＿＿＿＿＿＿＿＿

＿＿＿＿＿＿＿＿＿＿＿＿＿＿＿＿＿＿＿＿＿＿＿＿

＿＿＿＿＿＿＿＿＿＿＿＿＿＿＿＿＿＿＿＿＿＿＿＿

参考解说：

五——五指山上轧钢厂

年——长年如春的汽车

计——计算南京大桥的长度

划——小沈阳划机床

例3:下列项目中，属于借款费用应予资本化的资产范围的有（ABD）。

A. 经过相当长时间的购建达到预定可使用状态的投资性房地产

B. 需要经过相当长时间的生产活动才能达到销售状态的存货

C. 经营性租赁租入的生产设备

D. 经过相当长时间自行制造的生产设备

E. 经过1个月即可达到预定可使用状态的的生产设备

记忆过程：＿＿＿＿＿＿＿＿＿＿＿＿＿＿＿＿＿＿＿＿

＿＿＿＿＿＿＿＿＿＿＿＿＿＿＿＿＿＿＿＿＿＿＿＿

＿＿＿＿＿＿＿＿＿＿＿＿＿＿＿＿＿＿＿＿＿＿＿＿

参考解说：

1. 串联法：首先审题，找出正确答案与错误答案的不同（特殊）点；然后找出正确答案的关键词进行串联

2.语句桩：借款费；资本化

简答题

例一：如何贯彻落实"三个代表"重要思想？

答：关键在坚持与时俱进，

核心在坚持党的先进性，

本质在坚持执政为民。

记忆过程：

_____

_____

_____

_____

联想好了之后，就尝试着来回忆一下吧：

_____

_____

_____

不要忘了参照课后的参考解说，找出最适合自己的记忆方法哦。

参考解说：

关键词提取：

与时俱进——闹钟；

先进性——电脑；

执政为民——法官；

串联联想：

串联1：把闹钟安装的电脑核心，提醒法官他的本质是要执政为民。

串联2：三个时钟砸碎了电脑的核心屏幕，电脑的碎片刺伤了法官。

串联3：三把箭（关键）射中闹钟，把闹钟装进黑色电脑，电脑倒出一个本子（本质）砸到法官！

例二：五个民生

教育是民生之基，就业是民生之本，分配是民生之源，社会保障是民生之依，稳定是民生之盾。

提示：可以融入自己的逻辑理解，将其融入图像联想中，会更方便记忆的哦。

记忆过程：

_____

_____

_____

_____

联想好了之后，就尝试着来回忆一下吧：

_____

_____

_____

参考解说：

关键词提取：教育、就业、分配、社会保障和稳定

基、本、源、依和盾

串联联想：

五个大学生毕业后，就业分配到社保中心有稳定的收入，基本愿意蹲着啦！

提示：请留意其中的一个前后时间关系——教育之后，就业分配，工作了要有社会保障，有了这些，不就稳定了嘛。

这就是接受有限性的同时去无限扩展使用！

例三：6级肌力记录法

0级：肌肉无任何收缩现象（完全瘫痪）

1级：肌肉可轻微收缩，但不能活动关节

2级：肌肉收缩可引起关节活动，但肢体不能抬离床面

3级：肢体能抬离床面，但不能对抗阻力

4级：能做抗阻力活动，但较正常差

5级：正常肌力

记忆过程：

_____

_____

_____

_____

联想好了之后，就尝试着来回忆一下吧：

_____

_____

_____

参考解说：

这题我们先不用方法来记，而是先通过一个常规的逻辑场景想象：设想当

下的自己，就是一位完全瘫痪的病人，肌肉无任何收缩的现象，通过治疗，过了1天之后，肌肉可轻微收缩了，但不能活动关节；第2天肌肉收缩可引起关节活动，但肢体不能抬离床面；第3天，肢体能抬离床面，但不能对抗阻力；第4天，能做抗阻力活动，但较正常差；第5天，肌力正常了。大家想想，这就是一个肌力治疗康复过程，不是吗？如果认真的你细心观察，你会发现，其中要记的内容并不多，像2、3、4的开头是不是都和他们上面结尾的内容去除掉一个"不"一模一样，所以根本不用记。剩下的的核心的，我们来提取一下要记的关键词：

分开整合后的原内容：

0级：肌肉 无任何 收缩 现象（完全瘫痪）

1级：肌肉 可轻微 收缩，但不能 活动关节

2级：肌肉收缩可引起关节活动，但 肢体 不能 抬离 床面

3级：肢体能抬离床面，但不能 对抗阻力

4级：能做抗阻力活动，但 较正常差

5级：正常肌力

最核心关键词：肌肉、关节、肢体、阻力、较、正常

简化记忆：肌关体力矫正

例四: 现代教育制度改革

近几十年来，由于社会生产力的不断提高，新的动力资源的开发和科学技术的巨大进步，给现代社会经济、政治、军事、文化带来了一系列的急剧变化。为了适应这种急剧的变化，无论发达国家，还是发展中国家，都在进行教育制度的改革，使得现代教育制度的发展呈现一些新的趋向或特征。

1. 加强学前教育并重视与小学教育的衔接
2. 强化普及义务教育、延长义务教育年限
3. 普通教育与职业教育朝着相互渗透的方向发展
4. 高等教育的大众化和类型日益多样化
5. 学历教育与非学历教育的界限逐渐淡化

6. 教育制度有利于国际交流与合作

记忆过程：

_____

_____

_____

_____

联想好了之后，就尝试着来回忆一下吧：

_____

_____

_____

参考解说：

教——交接——学前与小学的衔

接育——育限（雨线）——教育的年限

制——制渗（致胜）——相互结合才能致胜

度——度化——度化众人一定要大众，也要多样

改——改化——改掉界限，最终化无

革——革国（有革新之意，有利于；各国的谐音）——各国的交流合作

例五：物理知识点（ 高考的学生 ）

科学家	国家	主要贡献
牛顿	英国	牛顿三大定律、万有引力定律
开普勒	德国	开普勒三定律
卡文迪许	英国	测出引力常量
库仑	法国	发现电荷之间的互相作用规律
密立根	美国	（1）通过油滴实验测出元电荷的数值
		（2）用实验证明光电效应方程
		（3）测出普朗克常量

欧姆　　德国　　通过实验得出欧姆定律

昂纳斯　荷兰　　发现超导现象

奥斯特　丹麦　　发现电流的磁效应

洛伦兹　荷兰　　提出观点（1）运动电荷产生了磁场（2）磁场对运动电荷有力
的作用

笛卡尔　法国　　第一个提出"动量守恒定律"

劳伦斯　美国　　发明"回旋加速器"

安培　　法国　　分子环形电流假说

法拉第　英国　　发现电磁感应现象，制造出第一台电动机

亨利　　美国　　发现自感现象

普朗克　德国　　提出能量量子假说

普里克　德国　　发现阴极射线

爱因斯坦 德国　　（1）提出光子说（2）成功解释光电效应规律（3）建立光电
效应方程

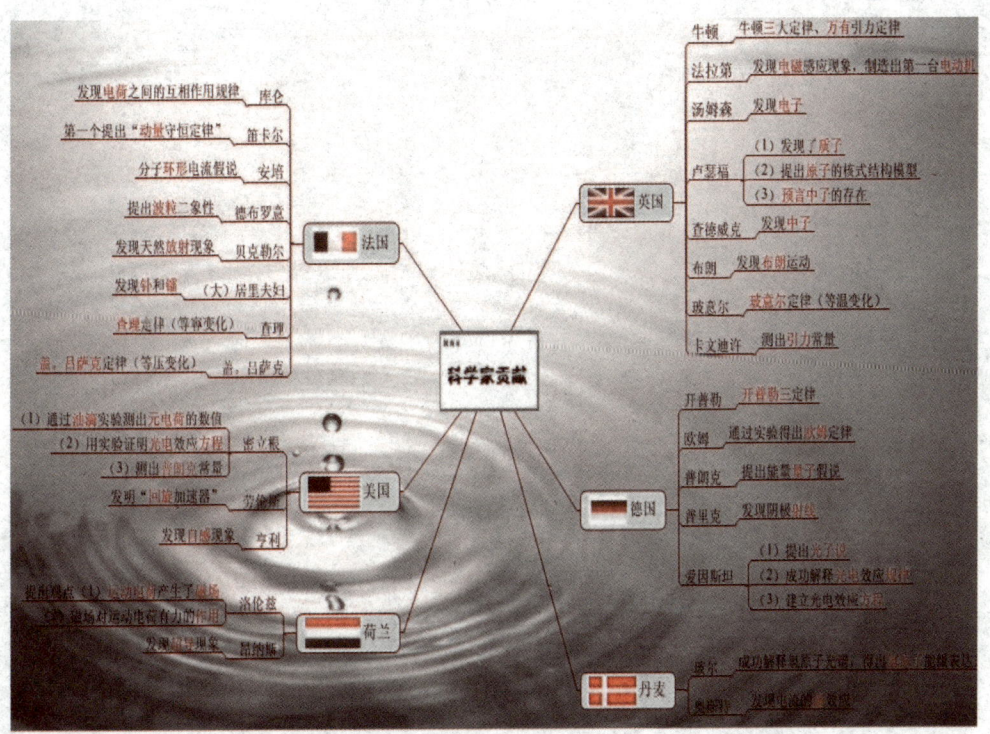

（4）相对论

德布罗意 法国　提出波粒二象性

汤姆森　英国　发现电子

卢瑟福　英国　（1）发现了质子（2）提出原子的核式结构模型

（3）预言中子的存在

玻尔　　丹麦　成功解释氢原子光谱，得出氢原子能级表达式

贝克勒尔 法国　发现天然放射现象

查德威克 英国　发现中子

（大）居里夫妇 法国　发现钋和镭

布朗　　英国　发现布朗运动

玻意尔　英国　玻意尔定律（等温变化）

查理　　法国　查理定律（等容变化）

盖·吕萨克 法国　盖·吕萨克定律（等压变化）

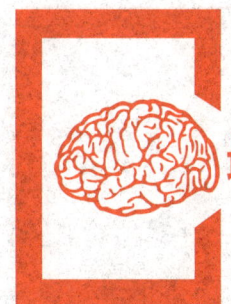

最后的话

转眼间，今天已经是课程的最后一课了，图像记忆课程的系统讲解已经结束了，请大家勤加练习，并运用到实践中去，这样才能够对记忆方法的运用更融会贯通。

接受了方法的有限性之后，你就会有无限的灵感去使用发挥它了！

请记住：记忆力经过一短时间训练和运用是可以大幅提升的。不仅记忆力，其他的大脑潜能在运用中也会得到激活。

正视困难：

要掌握图像记忆法并不轻松，特别是在联想的过程中有时会有"绞尽脑汁"却想不好的感觉。这时你千万不可放弃，如果放弃你可能永远离开了成功！须知任何一门技术都是要下功夫去学的！初期的联想是会有一些困难的，但只要坚持一段时间，你就会感到越来越轻松，以至于很多联想瞬间就可完成，不像以前那么费劲了。当你取得了一个又一个胜利的时候，自信又会回到你身边，并且会激励你一直努力下去。

明月指路

在有限的方法内，无限的使用、拓展它！务必记住——图像记忆并没有失败，只有放弃才会失败！记忆力经过一段时间训练和运用是可以大幅提升的。不仅记忆力，其他的大脑潜能在运用中也会得到激活。

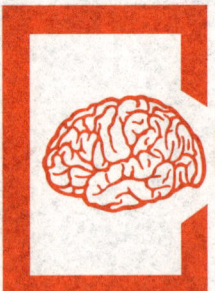

图像记忆第九课作业

一、选择题

1. 单选题

建设中国特色社会主义首要的基本理论问题是(D)

A.坚持公有制为主体，坚持共同富裕

B.坚持改革开放，坚持四项基本原则

C.解放生产力，发展生产力

D.什么是社会主义，怎样建设社会主义

参考解说：

首要、基本——什么、建设——瘦腰肌得坐在神马上舞剑！

2. 多选题

邓小平在南方谈话中，阐述了一系列重要思想，其中有关于(ABCD)

A.计划和市场都是手段的思想

B.社会主义本质的思想

C.发展才是硬道理的思想

D."三个有利于"的思想

参考解说：A:邓小平——邓小平拍着技师的手说手段很高哦！B:南方——南瓜里掉出方本子C:谈话——谈话时把痰吐在"发展大道"上。D:要思——钥匙插在三个梨上。

二、填空题（心理咨询师考试题）

思维障碍的13种型：

1.思维奔逸 2.思维迟缓 3.思维贫乏 4.思维散漫 5.破裂性思维 6.思维不连贯 7.思维中断 8.思维插入 9.思维云集 10.病理性赘述 11.病理性象征性思维 12.语词新 13.逻辑倒错思维

参考解说：

可以用数字桩：

01鱼——奔逸——大量的鱼在奔流中快速地游着。（把意思也简单加入了联想中）

02鹅——迟缓——大胖鹅在池子上缓慢地走。

我只做了两种联想示范，只要用关键字做图像想象，后面的就能自己搞定，相信你一定可以做到的！

人格障碍的8种类型：1．偏执型2．分裂型3．反社会型4．冲动型5．表演型6．强迫型7．焦虑型8．信赖型

参考解说：

可以用人物桩，直接用人物代替一下意思，想象那个人就有这样的症状的样子就可以。

爷爷——偏执型——爷爷是偏执狂，非常固执（或爷爷偏着脑袋）

奶奶——分裂型——奶奶精神分裂白天黑夜不一样（或奶奶砸裂了锅）

爸爸——反社会型——爸爸是黑社会的老大

妈妈——冲动型——妈妈嫁给黑社会老大，那肯定是属于冲动型的

五阿哥——表演型——苏有朋演五阿哥，这就是表演嘛

小燕子——强迫型——小燕子很喜欢强迫自己，去逞英雄，去打抱不平

七仙女——焦虑型——七仙女被迫关押在天庭，思念焦虑着凡间的董永

八仙——依赖型——八仙法力无边，很值得大家依赖的哦

三、简单题：

感觉的定义

感觉：人脑 对 直接作用于感觉器官的 客观事物 个别属性的 反应。

参考解说：

这道题本身很简单，如果要清晰记忆原文简单联想一下关键词就可以了：

人脑直接作用感觉器官(人头) 客观事物（客官）个别属性（别墅）的反应。

脑汁装进人头，人头砸到客官怀里，客官跑进别墅，别墅里的人全都吓晕。

赶集的人接到一个人头（感觉器官的代替），人头是客人从别墅扔出来的。

这样恐怖一下估计你会记得比较深刻！

我相信这道题你理解很容易，关键就是拗口的抽象文字，简单的几个关键字，你就应该可以回忆出来了！

四、毕业测试

杂乱无章的信息

买米、13928706943、银行按揭、玫瑰花、花园酒店、恐怖主义、酱油、电池、323389790、牙膏、老虎、bamboo、饮水机、machine、健身、速度、15点30分、道德经、约会、树熊、刚果、020－31508870、赵经理、 记忆力训练网、香港、股票、紫水晶、加班、生日、三国演义、那一场风花雪月的事、孔子、武当山、妖魔鬼怪、辛辛那提、银行帐号、029348203948025023947、诗词、我们一起去旅游、犹抱琵琶半遮面、布鲁塞尔、 www.jiyili.net、白居易、心脏病、happy、美国攻打伊拉克、internet、明天会更好、重视、理论、历历在目、珊瑚、387234、天涯、美丽、魅力、世界记忆大师

还记得这些内容吗？不错，在我们第一课的时候，让我们一看就头疼的内容，记，就更不敢奢望了！那现在呢？呵呵，内容太多，我们从中抽出一点来挑战一下吧：

买米、13928706943、银行按揭、玫瑰花、花园酒店、恐怖主义、酱油、电池、323389790、牙膏、老虎、bamboo、饮水机、machine、健身、速度、15点30分、道德经

利用8分钟的时间，来试一下，然后写在下面的划线上：

_____

_____

_____

_____

_____

写完了之后，尝试着将自己的记忆过程写下来，总结一下吧：

_____

_____

_____

_____

_____

_____

_____

_____

_____

附录：

图像记忆110个数字编码表（初级Ⅴ12.0）

数字	编码	备选	数字	编码	备选	数字	编码	备选
01	鱼		02	鹅		03	虾	山、伞
04	蟹		05	猪		06	牛	鹿
07	鸡		08	马		09	狗	酒、球
10	蛇	棒球、幽灵	11	筷子	雪橇	12	婴儿	
13	医生	雨伞	14	钥匙		15	鹦鹉	尼姑、月饼
16	衣钮	杨柳	17	仪器	玉玺、荔枝	18	泥巴	篱笆
19	一休	泥鳅、药酒	20	耳环		21	鳄鱼	阿姨
22	鸳鸯		23	和尚		24	盒子	儿子、猴子
25	二胡	瞎子	26	二流子	河流	27	耳机	
28	恶霸	荷花、河马	29	鹅脚	阿胶	30	森林	山洞
31	鲨鱼	香烟	32	扇儿	仙鹤、嫦娥	33	仙丹	蝴蝶
34	绅士	山狮	35	珊瑚	松鼠	36	山鹿	山路、香炉
37	山鸡	相机	38	沙发	女人	39	三脚架	香蕉
40	司令		41	司仪	睡衣、雪梨	42	柿儿	死鹅、雪耳
43	石山	水仙、雪山	44	狮子	石狮	45	石屋	水壶、水母
46	石榴		47	司机	树枝	48	石板	丝瓜、扫把
49	石球	雪球、水饺	50	五环	悟空	51	狐狸	工人
52	孤儿	木耳、	53	火山	牡丹、午餐	54	武士	护士、巫师
55	木屋	火车、古墓	56	蜗牛	火龙	57	母鸡	武器、火机
58	苦瓜	火把	59	五角星	乌龟	60	榴莲	刘嘉玲
61	轮椅	老鹰、儿童	62	驴儿	女儿、牛耳	63	刘三姐	刘翔、硫酸
64	律师	牛屎、螺丝	65	老虎	锣鼓	66	溜溜球	绿豆、蝌蚪
67	楼梯	绿旗、流星	68	喇叭	萝卜	69	牛角	辣椒、鹿角
70	麒麟	冰淇淋	71	洗衣机	奇异、蜥蜴	72	企鹅	
73	鸡蛋	旗杆、旗参	74	骑士	鸡翅、妻子	75	积木	蜘蛛
76	犀牛	气流	77	七喜	机器人	78	西瓜	青蛙
79	气球	济公	80	百灵鸟	铁塔、花环	81	白蚁	蚂蚁
82	靶儿	白鸽、百合	83	花生	皇上	84	巴士	消毒液
85	白兔	宝物、白虎	86	八路军	菠萝	87	白痴	白旗、白棋
88	爸爸	斑马、白板	89	白酒	芭蕉、八爪	90	精灵	酒瓶
91	球衣	蚯蚓	92	球儿		93	救生圈	狗熊
94	教师		95	救护车	酒壶	96	酒楼	长颈鹿
97	酒席	警察	98	酒吧	酒杯	99	舅舅	胶卷
00	望远镜	眼镜、熊猫	0	铃铛		1	树	棍
2	鸭子		3	耳朵	弹簧	4	红旗	
5	钩子	手套	6	勺子	口哨、烟斗	7	拐杖	镰刀
8	葫芦		9	球拍	气球	10	棒球	

（备注：00、0~9、11、22是象形编码；20、50是混合编码；其他是谐音编码。）